L'Unione europea, l'immigrazione e l'asilo

Dal Vento di Tampere alla Sea Watch

di Sergio Ferraiolo

Prefazione .

Nella mia vita professionale mi sono spesso occupato di immigrazione e asilo, dalla Turco-Napolitano in poi, viaggiando fra le stanze di Bruxelles a negoziare le Direttive e i Regolamenti in materia di immigrazione e asilo e le patrie stanze ministeriali, sia per i provvedimenti nazionali, sia per dare attuazione a quelle norme discusse a Bruxelles.

L'asilo e l'immigrazione sono materie complesse, piene di mille sfaccettature e coinvolgono gli aspetti più disparati, da quelli professionali, dell'istruzione, dell'accoglienza, del lavoro, dei diritti e doveri di chi arriva da noi a quelli transnazionali degli affari della cooperazione allo sviluppo, dei grandi giacimenti di preziosi siti in luoghi dove la gente vive con un dollaro al giorno, fino – fatti propri dalla politica – mutare la percezione che abbiamo dell'altro.

Ed è una materia volubile, non solo in Italia, ma soprattutto in Europa, alla quale è rivolto questo libro: siamo passati dal "vento di Tampere" che apriva lo spazio di uguaglianza e giustizia a tutti alla "fortezza Europa" chiusa e attorcigliata in sé stessa, incapace di trovare una direzione, una qualsiasi direzione.

Ho vissuto in prima persona gli ultimi venti anni di vita europea e della sua azione, spesso incerta e titubante verso questo fenomeno.

Quello che mi preoccupa è la memoria corta: parliamo senza problemi dei nostri emigrati di due secoli fa, ma abbiamo molta difficoltà a ricordare cosa è successo in Europa negli ultimi venti anni. Spesso accusiamo l'Europa delle incapacità nazionali o ci rassegniamo ad un "lo vuole l'Europa" senza sapere perché.

In Italia, a differenza di altri Paesi membri, l'immigrazione e l'asilo sono stati più un fatto mediatico e politico che un fenomeno ormai vecchio di secoli: da Lucy agli Ittiti, l'umanità si è sempre spostata.

I fatti e la realtà sono stati spesso coperti dalle urla dei media, così assordanti da non farci percepire quanto realmente avveniva.

Ho scritto tre libretti, tre Ebook per Amazon, in cui racconto come l'Unione europea abbia cominciato a comandare su asilo e migrazione, cosa sia successo nella calda estate del 2015 quando milioni di profughi si riversarono da terra e da mare in Europa e quali siano gli ultimi errori dell'Unione e le loro conseguenze per l'Italia.

Con soddisfazione, con molta soddisfazione, ho visto che i tre libretti hanno avuto un notevole successo, quindi sono stati utili.

Ho pensato, quindi, di aggiornarli (nei limiti in cui si può aggiornare la storia senza incorrere nell'Orwelliano 1984) riunendoli in uno solo.

Del libro ho predisposto due versioni, la prima, come al solito, un Ebook ipertestuale, corredato da centinaia di link che portano il lettore alla spiegazione o all'approfondimento dell'argomento trattato, e una versione classica cartacea, nella quale – ovviamente – i link vanno persi ma spesso sostituiti da note a piè di pagina che riportano i link stessi.

Come ho già detto, scopo di questo libro è fissare nella memoria gli avvenimenti, le politiche succedutesi in Europa su asilo e migrazione. Scopo del libro è costituire uno strumento veloce per ricordare gli avvenimenti passati che, già oggi, vengono confusi e artatamente adattati al presente.

Troverete molta "storia", molto spazio dedicato all'esame degli strumenti normativi europei (Regolamenti e Direttive) magari non più vigenti e poco spazio all'esame di quelli vigenti. Ma lo scopo di questo libro non è di essere il manuale del diritto europeo vigente in materia di asilo ed immigrazione: ci sono libri specifici per questo. Lo scopo è solo quello di raccontare cosa è successo, come è successo, come è cominciato tutto questo. Raccontare le frizioni fra le vedute "aperturiste" della Commissione" e quelle "conservatrici" degli Stati membri, raccontare i "perché" di certe decisioni e non le decisioni stesse. Lo scopo è di non spezzare quel sottile fil rouge che, nonostante le apparenze, tiene legati Tampere ai sovranisti.

La lettura, nella prima parte, della discussione delle diverse Direttive è illuminante, non solo per le norme ivi contenute, magari oggi non più in vigore e sostituite da altre più recenti, ma per comprendere il continuo braccio di ferro che c'è sempre stato fra la Commissione e gli Stati membri. E, come, questi ultimi, sono sempre riusciti a trasformare queste norme aperte verso gli immigrati in norme sempre più restrittive.

Penso che chi abbia a cuore lo studio dei fenomeni migratori possa trovare molto utile assistere a questi match che, più volte al mese si tenevano nel soporifero palazzo di Justus Lipsius a Bruxelles: spettacolo interessante e istruttivo di come l'Europa non fosse allora (come tutt'ora) matura per parlare con una voce sola.

In compenso, ho dato parecchio spazio agli strumenti normativi in itinere, quelli che sono sui tavoli di Bruxelles, pronti per essere approvati, modificati o meno, appena gli organi comunitari si saranno ricostituiti dopo le elezioni di maggio 2019.

Ovviamente racconto solo ciò di cui ho diretta conoscenza per cui notevoli sono i "buchi".

Forse non è un libro da leggere da pagina 1 alla fine, bensì da leggere per quelle parti che al momento interessano, come un focus su un determinato momento o argomento.

Proprio perché l'intento è di condividere la mia esperienza, non certo di arricchirmi, il prezzo del libro, in ambo le versioni sarà quello più basso consentitomi da Amazon.

Vi auguro buona lettura ed anticipo qui una conclusione.

Nonostante gli errori, l'Unione europea ha fatto molto, abbastanza la Commissione soprattutto stanziando molti fondi, molto ha fatto il Parlamento, molto poco il Consiglio. Se quest'ultimo organo perdesse un po' di potere, non ne sentiremmo la mancanza.

(libro chiuso il 15 luglio 2019)

Questo libro è dedicato a chi sperava di arrivare in paradiso ed invece, per l'ingordigia di alcune persone, per il menefreghismo e calcoli politici di altre, ora riposa in fondo al mare.

Sommario

Come fu che l'Europa iniziò a comandare su asilo e immigrazione

Ci risiamo. I giornali sono pieni di articoli sui naufragi di migranti nel canale di Sicilia. I morti ormai non si contano più. Quei poveri disgraziati non tanto "alla ricerca della felicità" come ha avuto modo di dire il Papa, ma, quanto meno, ad uno standard di vita migliore, hanno trovato la fine del loro viaggio non nella terra promessa, bensì in fondo al mare.

E sulla loro pelle lucrano mercanti d'uomini senza scrupoli per i quali sono solo carne umana da portare da qui a lì.

E lì, spesso, significa "da lasciare in mezzo al mare" se le navi delle ONG o vedette italiane non arrivano (più) a salvarli.

E l'altro argomento è l'Europa, l'Europa che guarda distratta, si dispiace, ma si gira dall'altra parte, come se la frontiera sud italiana fosse solo un braccio di mare qualsiasi di esclusiva competenza del nostro Governo e non il fronte sud comune dell'intera frontiera comune europea. Può farlo? Quali obblighi ha realmente l'Europa e quali gravano sul nostro Paese? Può l'Europa obbligarci a prendere tutte le persone che sbarcano da noi o sono salvate dalla nostra Marina?

Il giogo che ci impone il Regolamento di Dublino è davvero così oneroso e non più contrattabile?

Sono domande, queste, che gravano sui politici nostri e degli altri Stati membri.

Prima di prendere decisioni e posizioni decise, sarà meglio andare a vedere come questa storia cominciò. Come e quando l'Unione europea prese le redini anche nei campi di "immigrazione" e "asilo", comunitarizzando le materie e sottraendole alla completa disponibilità degli Stati membri?

Quali sono le basi giuridiche? In quale modo l'Unione Europea intervenne?

Insomma come, quando e perché questa storia dell'Unione Europea che comanda nei settori "asilo" ed "immigrazione" ebbe inizio? Quali furono le prime mosse? Quali le pietre angolari del Diritto europeo che si sovrappone al Diritto italiano?

Questa prima parte vuole rispondere, appunto, a tali domande. Non troverete qui le ultime novità della produzione legislativa europea che ormai si è fatta molto copiosa nelle materie di asilo e immigrazione, ma troverete qualcosa di più importante: come cominciò e perché.

Troverete i primi, timidi, sbarramenti al diritto nazionale fino alla vera e propria estromissione delle prerogative statali nel campo dell'asilo, tanto che, ora, si dice che il settore dell'asilo e della protezione internazionale è interamente "comunitarizzato" e non c'è alcun spazio per il diritto nazionale.

Troverete, nei "resoconti" delle discussioni, le diverse posizioni degli Stati membri, gelosi delle proprie competenze nazionali e le posizioni della Commissione, almeno allora, molto aperta verso chi voleva entrare nello Spazio comune europeo. Troverete poco del Parlamento europeo perché, allora, il suo parere, obbligatorio ma non vincolante, era tenuto in scarsissimo conto.

Troverete l'attività della Commissione e del Consiglio negli "anni di fuoco" dal 2000 al 2004, quando, soffiando il "vento di Tampere"[1] furono gettate le fondamenta del diritto comunitario su immigrazione

---

[1] http://www.europarl.europa.eu/summits/tam_it.htm

ed asilo. Senza conoscere cosa avvenne in quegli anni, sarà ben difficile comprendere quello che accade oggi.

Insomma – anche se spesso si tratta di norme non più in vigore, sostituite da quelle correnti, troverete una utilissima chiave di lettura, indispensabile per comprendere anche gli accadimenti di questi mesi.

La situazione italiana nel 1990

Non posso iniziare a parlare dell'Europa se non descrivo, in poche righe, quale fosse, all'epoca, la situazione normativa italiana in materia di asilo e immigrazione.

L'Italia, negli anni '80 si scoprì esser non più Paese di emigrazione, bensì Paese di immigrazione, ma di non aver norme adeguate.

Il Diritto di asilo[2] era descritto nell'articolo 10, terzo comma della Costituzione: lo straniero, al quale sia impedito nel suo paese l'effettivo esercizio delle libertà democratiche garantite dalla Costituzione italiana, ha diritto d'asilo nel territorio della Repubblica secondo le condizioni stabilite dalla legge e il nostro Paese aderiva, con la riserva della limitazione geografica[3] alla Convenzione di Ginevra del 1951 sullo status di rifugiato.

Solo nel 1990, con la legge Martelli[4] (legge 39/90) e con un Decreto sulle procedure di riconoscimento (DPR 136/90) l'Italia si dotò di uno strumento più aggiornato in materia di asilo, cancellando la riserva geografica.[5].

---

[2] https://it.wikipedia.org/wiki/Diritto_di_asilo

[4]

https://www.normattiva.it/atto/caricaDettaglioAtto?atto.dataPubblicazioneGazzetta=1989-12-30&atto.codiceRedazionale=089G0493&queryString=%3FmeseProvvedimento%3D%26formType%3Dricerca_semplice%26numeroArticolo%3D%26numeroProvvedimento%3D416%26testo%3D%26annoProvvedimento%3D1989%26giornoProvvedimento%3D&currentPage=1

[5] Ossia la limitazione dell'asilo ai soli casi europei.

La materia asilo fu poi completamente riscritta con l'adeguamento alle Direttive europee in materia.

Per l'immigrazione dobbiamo aspettare il 1998 con l'ormai famosa legge Turco-Napolitano (legge 40/1998) che, subito diventò il Testo unico sull'immigrazione (Decreto legislativo 25 luglio 1998 n. 286) che, nel corso degli anni ha subito notevoli mutamenti, anche con circolari, in genere dovuti alla considerazione che la parte politica al Governo aveva del fenomeno migratorio, fino ad arrivare all'odierno patchwork quasi incomprensibile se non per gli addetti ai lavori

Ma ho promesso di parlare di Europa e del suo pesante intervento in materia.

Il "Vento di Tampere"

Nel lungo processo di integrazione europea si è soliti ricordare, per ogni settore, l'anno di svolta, l'anno a partire dal quale i partner decidono di passare dalla mera enunciazione dei principi alla loro pratica attuazione.

Nel settore dell'immigrazione e dell'asilo, l'anno di svolta può senz'altro individuarsi nel 1999.

In quell'anno, infatti, si verificarono due importanti avvenimenti: il 1° maggio entrò in vigore il Trattato di Amsterdam, sottoscritto il 2 ottobre 1997, e fu convocato, il 15 e 16 ottobre a Tampere, in Finlandia, un Consiglio Europeo straordinario sul tema dell'immigrazione e dell'asilo.

L'Unione Europea si apriva ai temi dell'accoglienza di chi fugge le persecuzioni e la miseria.

Prima del Trattato di Amsterdam, le materie dell'immigrazione e dell'asilo erano di stretta pertinenza intergovernativa. Le iniziative derivavano, quindi, non dalla Comunità Europea (come si chiamava allora) bensì dalla comune volontà dei Paesi che ne facevano parte.

Con l'entrata in vigore del Trattato di Amsterdam è, invece, profondamente mutato il procedimento per l'adozione di norme comuni in materia di immigrazione e asilo. Esse sono ora inserite nel cosiddetto Primo Pilastro dell'Unione Europea (come si chiamava allora).

L'art. 63 del trattato che istituisce la Comunità europea (TCE), così come riformulato dal Trattato di Amsterdam, prevedeva, entro un periodo di cinque anni dall'entrata in vigore, che il Consiglio dell'Unione europea (il Consiglio) adotti in materia di immigrazione e di asilo criteri e meccanismi per determinare lo Stato membro competente ad esaminare una domanda di asilo, norme minime relative all'accoglienza dei richiedenti asilo o degli sfollati, norme minime relative alla qualifica di rifugiato e norme minime sulle procedura per il riconoscimento dello status di rifugiato. Il medesimo art. 63 vincolava il Consiglio, in materia di immigrazione, ma senza il vincolo quinquennale, ad adottare norme in materia di condizioni di ingresso e soggiorno e norme per il rilascio di visti e permessi di soggiorno, compresi quelli per ricongiungimento familiare a cittadini di Paesi terzi, nonché norme sulla circolazione all'interno dell'Unione europea di stranieri regolarmente soggiornanti in uno Stato membro.

Per l'adozione di tali norme, sempre per un periodo quinquennale, l'art. 67 TCE dettava una procedura particolare. Il Consiglio delibera all'unanimità su proposta della Commissione o di uno Stato membro, con la sola consultazione del Parlamento europeo.

Trascorso il periodo quinquennale, il Consiglio può continuare a decidere all'unanimità o decidere di sottoporre l'atto alla normale procedura di co-decisione con il Parlamento europeo prevista dall'art. 251 TCE.

Il Trattato di Nizza ha, poi, modificato l'art. 67 TCE prevedendo, per le materie riguardanti l'asilo, l'obbligo della procedura di co-decisione, purché il Consiglio abbia già adottato una normativa comunitaria che definisca i principi essenziali della materia.

L'asse della produzione normativa in materia di immigrazione e di asilo si è quindi spostato verso Bruxelles e i gli Stati membri devono adeguare le norme interne a quanto deciso in sede comunitaria. Così farà anche l'Italia, modificando, di conseguenza, il decreto legislativo 25 luglio 1998 n. 286 recante il Testo Unico delle disposizioni concernenti la disciplina dell'immigrazione e norme sulla condizione dello straniero e successive modificazioni[6] , (d'ora in poi chiamato T.U. immigrazione)

---

[6] Decreto legislativo 19 ottobre 1998, n. 380 in Gazzetta Ufficiale. 257 del 3 novembre 1998; decreto legislativo 13 aprile 1999, n. 113, in Gazzetta Ufficiale. 97 del 27 aprile 1999; legge 30 luglio 2002, n. 189 in Gazzetta Ufficiale. n. 199 del 26 agosto 2002 S.O.; Decreto legge 9 settembre 2002, n. 195, in Gazzetta Ufficiale. n. 240 del 12 ottobre 2002.

Per celebrare questo impegno di apertura a migranti e richiedenti asilo, il 15 e 16 ottobre 1999, a Tampere, i Capi di Stato e di Governo dell'Unione Europea dedicarono un Consiglio Europeo straordinario alla costruzione di "uno spazio di libertà, sicurezza e giustizia".

Illuminante dello spirito che, allora, pervadeva i Governi dell'Unione europea è la lettura delle conclusioni di quel Vertice:

"Tale libertà non dovrebbe, tuttavia, essere considerata appannaggio esclusivo dei cittadini dell'Unione. La sua stessa esistenza serve da richiamo per molti altri che nel mondo non possono godere della libertà che i cittadini dell'Unione danno per scontata. Sarebbe contrario alle tradizioni europee negare tale libertà a coloro che sono stati legittimamente indotti dalle circostanze a cercare accesso nel nostro territorio. Ciò richiede a sua volta che l'Unione elabori politiche comuni in materia di asilo e immigrazione, considerando nel contempo l'esigenza di un controllo coerente alle frontiere esterne per arrestare l'immigrazione clandestina e combattere coloro che la organizzano commettendo i reati internazionali ad essa collegati. Queste politiche comuni devono basarsi su principi che siano chiari per i nostri cittadini e offrano allo stesso tempo garanzie per coloro che cercano protezione o accesso nell'Unione europea.... Il Consiglio europeo ribadisce l'importanza che l'Unione e gli Stati membri riconoscono al rispetto assoluto del diritto di chiedere asilo. Esso ha convenuto di lavorare all'istituzione di un regime europeo comune in materia di asilo, basato sull'applicazione della Convenzione di Ginevra in ogni sua componente, garantendo in tal modo che nessuno venga esposto nuovamente alla persecuzione, ossia mantenendo il principio di non-refoulement. ... e, quindi, norme di ravvicinamento per protezione temporanea, Stato competente a trattare una domanda di asilo, misure di accoglienza, qualifica ed elementi sostanziali dello status di rifugiato. L'Unione europea deve garantire l'equo trattamento dei cittadini dei paesi terzi che soggiornano legalmente nel territorio degli Stati membri. Una politica di integrazione più incisiva dovrebbe mirare a garantire loro diritti e obblighi analoghi a quelli dei cittadini dell'UE. Il Consiglio europeo riconosce la necessità di un ravvicinamento delle legislazioni nazionali relative alle condizioni di ammissione e soggiorno dei cittadini dei

paesi terzi, in base a una valutazione comune sia degli sviluppi economici e demografici all'interno dell'Unione sia della situazione nei paesi di origine. A tal fine, esso chiede al Consiglio decisioni rapide, sulla base di proposte della Commissione... Occorre ravvicinare lo status giuridico dei cittadini dei paesi terzi a quello dei cittadini degli Stati membri. Alle persone che hanno soggiornato legalmente in uno Stato membro per un periodo di tempo da definire e che sono in possesso di un permesso di soggiorno di lunga durata dovrebbe essere garantita in tale Stato membro una serie di diritti uniformi il più possibile simili a quelli di cui beneficiano i cittadini dell'UE, ad esempio il diritto a ottenere la residenza, ricevere un'istruzione, esercitare un'attività in qualità di lavoratore dipendente o autonomo; va inoltre riconosciuto il principio della non discriminazione rispetto ai cittadini dello Stato di soggiorno".

Le Direttive e i Regolamenti previsti dall'art. 63 del Trattato che istituisce le Comunità europee

Quanto descritto nelle pagine precedenti è stato deciso solo 20 anni addietro, ma leggerlo oggi sembra invece scritto molto, molto tempo fa.

Molti avvenimenti, crisi internazionali, tensioni per il nuovo terrorismo, recessioni economiche fanno ora apparire le aperture europee molto, molto lontane.

L'atteggiamento dei Governi degli Stati membri verso le proposte della Commissione europea che mettevano in pratica quanto disposto dal Trattato e dal Consiglio Europeo di Tampere è stato infatti alquanto tiepido. Il Consiglio ha sempre frenato gli slanci in avanti di Commissione e Parlamento.

Le proposte della Commissione, evidenziate in Direttive e Regolamenti, sono improntate a due principi cardine quali l'armonizzazione delle normative nazionali e – ricorrendo determinate condizioni – la proposizione in capo ai migranti, ai rifugiati e ai richiedenti asilo di veri e propri diritti soggettivi.

Pur non rifiutando i principi espressi a Tampere, l'orientamento degli Stati membri nella conduzione dei negoziati sui provvedimenti proposti dalla Commissione è stato volto invece a salvaguardare la normativa nazionale e a ribaltare il principio del diritto in capo allo straniero, sostituendolo con quello dell'autorizzazione o, piuttosto, con quello della concessione del beneficio richiesto.

Questo orientamento è evidente confrontando le originarie proposte della Commissione con i testi fin ora approvati o in via di approvazione.

Da testi molto aperti, intesi alla progressiva equiparazione dei migranti e rifugiati ai cittadini sono scaturite Direttive che riconoscono benefici solo ricorrendo particolari e difficili condizioni, perlopiù soggette alle diverse normative nazionali.

Sintomatico di questo travagliato iter è la "invenzione" di tecniche normative particolari che salvaguardano l'enunciazione del principio, riservandone, però, l'applicazione concreta a quanto (già) previsto nel singolo Stato membro.

Sono fiorite così le cosiddette "may provision" ossia la trasformazione di un obbligo ("gli Stati membri devono") in una facoltà ("gli Stati membri possono"); oppure il frequente ricorso alle cosiddette clausole di "stand still", vere e proprie deroghe all'armonizzazione che cristallizzano la possibilità di mantenere una norma contraria allo spirito della Direttiva per quegli Stati membri i cui ordinamenti prevedono tale norma al momento dell'approvazione della Direttiva, ma impediscono agli altri Stati membri di introdurla successivamente.

Questo fiorire di clausole opzionali ha fatto sì che molte Direttive si siano ridotte, nel testo finale, al minimo comun denominatore delle rispettive normative nazionali in materia.

Ripercorrere le discussioni avvenute nei Gruppi di lavoro e confrontare i testi proposti dalla Commissione con quelli poi approvati è un utile lavoro per comprendere i mutamenti di direzione politica e le divergenze fra le enunciazioni di principi nobili ed aperti propri delle riunioni ai massimi vertici e la realtà operativa portata avanti da funzionari che della realtà dell'immigrazione e dell'asilo non potevano non considerare anche gli elementi negativi.

Prima dell'esame delle singole Direttive proposte dalla Commissione, appare utile, per comprendere la progressiva evoluzione della trattativa fra governi e Commissione spendere alcune parole sul particolare procedimento di negoziazione previsto per le normative in materia di immigrazione ed asilo dall'allora art. 67 TCE.

Le proposte di Direttiva o di Regolamento vengono dapprima discusse nei gruppi di lavoro del Consiglio (Gruppo Asilo e Gruppo Migrazione) composti da esperti dei singoli Stati membri (principalmente funzionari ministeriali) e da un rappresentante della Commissione. L'istanza successiva, sempre tecnica, prevede la discussione presso il "Comitato Strategico per le Frontiere, l'Immigrazione e l'Asilo" (SCIFA) anch'esso composto da tecnici ministeriali che coordina i lavori dei vari gruppi.

Prima dell'istanza finale, costituita dal Consiglio dell'Unione Europea nella composizione dei Ministri dell'Interno e/o della Giustizia (GAI o JHA secondo le diverse lingue), le Direttive e i Regolamenti sono soggetti all'esame politico del "Comitato dei Rappresentanti Permanenti" (COREPER) formato dagli Ambasciatori degli Stati membri presso l'Unione Europea.

Nel corso degli anni, sempre su iniziativa della Commissione, sono sorti un buon numero di gruppi informali dove i rappresentanti degli Stati membri si riuniscono per discutere, appunto, informalmente di specifici argomenti senza che la loro posizione debba per forza impegnare lo Stato di appartenenza.

L'esame progressivo nelle diverse istanze dell'intero testo del provvedimento, nell'evoluzione pratica del meccanismo decisionale, è stato sostituito dalla frequente sottoposizione alle istanze superiori dei singoli punti nodali o più prettamente politici. Le decisioni su tali punti tornano ai gruppi di lavoro e fanno stato consentendo il prosieguo della discussione (cosiddetto sistema ad ascensore).

In questo meccanismo, praticamente intergovernativo, si inserisce, a latere, il parere del Parlamento europeo, allora "obbligatorio ma non vincolante".

La Danimarca partecipa alle discussioni, ma negozierà solo alla fine l'applicazione delle Direttive e Regolamenti, una volta approvati.

Regno Unito e Irlanda, partecipano alle discussioni, ma godono della clausola di "opting in-opting out", ossia possono fino ad un certo punto della trattativa non dichiarare se intendono applicare quello strumento normativo.

Questa è storia. I meccanismi decisionali sono ora diversi, non esiste più l'unanimità, ma la maggioranza qualificata. Il ruolo del Parlamento europeo si è accresciuto fino ad arrivare alla co-decisione con il Consiglio. Ma è nel panorama prima descritto che si sono svolti i fatti che racconto

Di seguito, propongo un breve excursus delle Direttive approvate ponendo l'accento sulle modifiche che il testo originario, proposto in genere dalla Commissione, ha subito nel corso del dibattito presso le diverse istanze del Consiglio. Si darà conto, per le Direttive di maggior peso, dei problemi di compatibilità con l'ordinamento italiano vigente, con l'ovvia premessa che l'inesistenza, nel nostro Paese, di una disciplina organica sul diritto di asilo fa diminuire, e di molto, i possibili conflitti fra le disposizioni europee e la nostra normativa in materia di asilo.

I Regolamenti, come è noto, sono direttamente applicabili e non hanno bisogno di recepimento se non di norme di adeguamento interno.

Più che ai contenuti e alle norme, magari oggi non più in vigore, l'utilità della lettura dei "resoconti" delle discussioni circa le Direttive e Regolamenti di tanti anni fa risiede nei meccanismi Stati Membri – Commissione, validi ancor oggi e che costituiscono una utile chiave di lettura per comprendere quello che in questi anni (2015-2019) sta accadendo. L'atteggiamento conservatore e di chiusura degli Stati membri non cambia, quello della Commissione è un po' ondivago.

Ameno in quegli anni, la Commissione apriva all'altro, gli Stati membri, nel Consiglio, chiudevano. Ma oggi non è molto diverso.

Direttiva del Consiglio del 28 maggio 2001, relativa al riconoscimento reciproco delle decisioni di allontanamento de cittadini dei paesi terzi (2001/40/CE).

La proposta approvata[7] , la 2001/40/CE[8], deriva da una iniziativa della Repubblica francese del 2000[9] e, come la successiva, fu discussa nel Gruppo Migrazione del Consiglio, nella sua composizione "Espulsione".

Lo scopo della proposta è quello di permettere allo Stato membro ove lo straniero effettivamente si trova (Stato membro di esecuzione), di eseguire materialmente un provvedimento di allontanamento adottato da un altro Stato membro (Stato membro autore) nei confronti del medesimo cittadino di un Paese terzo.

La collaborazione si rende necessaria per evitare, stante l'abolizione delle frontiere interne derivante dall'applicazione della Convenzione di Schengen, che uno straniero colpito da provvedimento di espulsione ne vanifichi l'efficacia spostandosi da uno Stato membro ad un altro.

La struttura della proposta è abbastanza semplice. Si limita ad enunciare il principio del riconoscimento reciproco delle decisioni di allontanamento ed i casi di applicazione della direttiva: espulsione giustificata da una minaccia grave ed attuale per l'ordine pubblico, dall'esistenza di gravi indizi sulla commissione da parte dello straniero di gravi reati oppure dalla violazione delle norme nazionali sul soggiorno.

Se lo Stato membro di esecuzione prevede la sospensione dell'esecuzione in pendenza di appello, tale sospensione si applicherà anche a questa sorta di espulsione "per procura".

---

[7] In Gazzetta Ufficiale dell'Unione europea n. L 149 del 2 giugno 2001.
[8] https://eur-lex.europa.eu/legal-content/IT/TXT/PDF/?uri=CELEX:32001L0040&from=IT
[9] Gazzetta Ufficiale dell'Unione europea n. C 243/1 del 24 agosto 2000.

La discussione fu piuttosto veloce, come spesso accade quando si tratta di risolvere problemi pratici, ed il testo definitivo non si discosta molto da quello originario, tranne che per l'inserimento dell'art. 7 che, però, ha di fatto bloccato l'operatività della direttiva stessa.

Nel corso della discussione fu palesata l'eventualità, non troppo remota, che l'esecuzione di una espulsione da parte di uno Stato membro per conto di un altro Stato membro comporti costi non reciprocamente compensabili.

L'art. 7 tenta di risolvere la questione prevedendo che gli Stati membri compensino fra loro gli squilibri finanziari che possono derivare dall'applicazione della direttiva. Per la pratica applicazione, il Consiglio avrebbe dovuto adottare entro il 2 dicembre 2002 i criteri e le modalità pratiche per consentire tale compensazione.

Purtroppo tali criteri sono stati adottati solo alla fine del 2003.

Direttiva del Consiglio del 28 giugno 2001 che integra le disposizioni dell'articolo 26 della convenzione di applicazione dell'accordo di Schengen del 14 giugno 1985 (2001/51/CE)

Come la precedente, questa Direttiva[10], la 2001/51/CE[11], nasce da una iniziativa francese[12] del 2000 e reca un testo molto breve, anch'esso discusso nel gruppo Migrazione del Consiglio nella sua composizione "espulsione". Lo scopo è quello di armonizzare le sanzioni per i vettori che trasportano cittadini di paesi terzi sprovvisti di documenti idonei all'ingresso nell'Unione europea.

Il testo originario reca, in pratica, due sole disposizioni: l'obbligo per il vettore di riprendere in carico il cittadino di un Paese terzo trasportato che alla frontiera si è visto negato l'accesso in uno Stato membro a causa della mancanza di un idoneo titolo di viaggio e l'armonizzazione della relativa sanzione al vettore per l'omesso controllo, non meno di duemila euro per ogni passeggero trasportato in violazione delle norme.

Il testo definitivo trasporta le disposizioni della direttiva nel quadro dell'applicazione della Convenzione di Schengen[13] e della sua "comunitarizzazione"[14].

Viene, quindi soppressa l'indicazione dell'obbligo per vettori di riprendere in carico i passeggeri sprovvisti di titolo di viaggio in quanto già compresa nell'art. 26 della Convenzione di Schengen[15].

---

[10] In Gazzetta Ufficiale dell'Unione europea n. 187 del 10 luglio 2001. Recepita nell'ordinamento italiano con decreto legislativo 7 aprile 2003, n. 87, in Gazzetta Ufficiale n. 94 del 23 aprile 2003.

[11] https://eur-lex.europa.eu/legal-content/IT/TXT/PDF/?uri=CELEX:32001L0051&from=IT

[12] Gazzetta Ufficiale dell'Unione europea n. C 269/ del 20 settembre 2000.

[13] Accordo di Shengen del 14 giugno 1985 fra Belgio, Olanda, Lussemburgo, Francia e Germania con adesione dell'Italia del 19 giugno 1990, ratificata con legge 30 settembre 1993, n. 388, in Gazzetta Ufficiale del 2 ottobre 1993, n. 232, Supplemento ordinario.

[14] Allegato A alla Decisione del Consiglio 1999/435/CE del 20 maggio 1999 in Gazzetta Ufficiale dell'Unione europea L 176 del 10 luglio 1999.

[15] Articolo 26 della Convenzione di Schengen:

L'armonizzazione delle sanzioni stabilite nell'art. 4 risulta, nella versione definitiva più variegata: non inferiore a tremila euro e non superiore a cinquemila euro per ogni persona trasportata, oppure non inferiore a cinquecentomila euro per ogni infrazione a prescindere dal numero di persone trasportate.

La direttiva non osta a che gli Stati membri adottino o mantengano altre sanzioni quali il sequestro o la confisca del mezzo.

---

1. Fatti salvi gli obblighi derivanti dalla loro adesione alla Convenzione di Ginevra del 28 luglio 1951 relativa allo status dei rifugiati, quale emendata dal Protocollo di New York del 31 gennaio 1967, le Parti contraenti si impegnano ad introdurre nelle rispettive legislazioni nazionali le seguenti regole:
   a) Se ad uno straniero viene rifiutato l'ingresso nel territorio di una Parte contraente, il vettore che lo ha condotto alla frontiera esterna per via aerea, marittima o terrestre è tenuto a prenderlo immediatamente a proprio carico. A richiesta delle autorità di sorveglianza della frontiera, egli deve ricondurre lo straniero nel paese terzo dal quale è stato trasportato, nel paese terzo che ha rilasciato il documento di viaggio in suo possesso durante il viaggio o in qualsiasi altro paese terzo in cui sia garantita la sua ammissione.
   b) Il vettore è tenuto ad adottare ogni misura necessaria per accertarsi che lo straniero trasportato per via aerea o marittima sia in possesso dei documenti di viaggio richiesti per l'ingresso nei territori delle Parti contraenti.
2. Fatti salvi gli obblighi derivanti dalla loro adesione alla Convenzione di Ginevra del 28 luglio 1951 relativa allo status dei rifugiati quale emendata dal Protocollo di New York del 31 gennaio 1967, e nel rispetto del proprio diritto costituzionale, le Parti contraenti si impegnano ad istituire sanzioni nei confronti dei vettori che trasportano per via aerea o marittima, da un paese terzo verso il loro territorio, stranieri che non sono in possesso dei documenti di viaggio richiesti.
3. Le disposizioni del paragrafo 1, lettera b) e del paragrafo 2 si applicano ai vettori di gruppi che effettuano collegamenti stradali internazionali con autopullman, ad eccezione del traffico frontaliero.

Direttiva del Consiglio sulle norme minime della protezione temporanea in caso di afflusso massiccio di sfollati e sulla promozione dell'equilibrio degli sforzi fra gli Stati membri che ricevono i rifugiati e gli sfollati e subiscono le conseguenze dell'accoglienza degli stessi. (2001/55/CE)

A parte quelle esaminate in precedenza, più che altro rivolte alla collaborazione di polizia, questa Direttiva[16] . la 2001/55/CE[17], (proposta Commissione COM (2000-303)[18] è stata la prima ad ampio respiro ad esser stata discussa ed approvata in seno al Consiglio dell'Unione Europea[19]. Non è stata mai applicata ed è quella più invocata dall'Italia nel 2015/2016 per tentare di dare una soluzione ai massicci afflussi di profughi non libici ma dalla Libia provenienti.

La Direttiva fu recepita dall'Italia con il Decreto legislativo 7 aprile 2003, n. 85.

La scelta di "rompere il ghiaccio" con questa Direttiva probabilmente non fu casuale. Per cogliere ancora l'ultimo refolo del vento di Tampere, si considerò che gli Stati membri potessero accogliere con favore uno strumento normativo per regolare un fenomeno, come quello dell'esodo dei Kosovari, che l'Unione Europea aveva sopportato l'anno precedente.

In pratica, la prima Direttiva del "pacchetto" della nuova normativa su immigrazione ed asilo che la Commissione Europea

---

[16] Recepita nell'ordinamento italiano con il Decreto legislativo 7 aprile 2003, n. 85, in Gazzetta Ufficiale. n. 93 del 22 aprile 2003, S.O.

[17] https://eur-lex.europa.eu/legal-content/IT/TXT/PDF/?uri=CELEX:32001L0055&from=IT

[18] https://eur-lex.europa.eu/procedure/IT/2000_127?qid=1562587868096&rid=1

[19] La Proposta di Direttiva porta la data del 24 maggio 2000. La Direttiva è stata approvata dal Consiglio dell'Unione Europea il 20 luglio 2001 e pubblicata sulla Gazzetta Ufficiale dell'Unione europea il successivo 7 agosto.

lanciava sul tappeto poteva apparire la soluzione del problema appena vissuto. Tale strategia si è rivelata vincente e ne sono testimoni il brevissimo lasso di tempo intercorrente fra la proposta e la sua approvazione, nonché le limitate modifiche apportate dagli organi del Consiglio dell'Unione Europa al testo base. Il testo risultante non è comunque esente da pecche, dovute, forse, alla novità dello strumento della Direttiva in materie connesse con l'asilo e l'immigrazione.

Come già accennato, la Direttiva disciplina il trattamento dei cittadini di Paesi terzi che hanno dovuto abbandonare il loro Paese, o da esso sono stati evacuati, in occasione di eventi bellici o calamitosi, o per il pericolo di esser sottoposti a trattamenti inumani o, comunque, soggetti a rischio di violazioni sistematiche o generalizzate dei diritti umani.

Le norme contenute nella Direttiva non sono di immediata applicazione, ma subordinate ad una decisione del Consiglio dell'Unione Europea che, su proposta della Commissione, accerta il verificarsi di un "afflusso massiccio".

La decisione, a maggioranza qualificata, dovrebbe anche ripartire gli sfollati fra gli Stati membri.

Il condizionale è d'obbligo in quanto la soluzione fornita dalla Direttiva al problema della solidarietà fra i partecipanti[20] non è delle più lineari. Le disposizioni riflettono una concezione volontaristica dell'accoglienza senza alcuna imposizione per gli Stati membri, forse fondata sulla speranza di un difficile verificarsi dell'evento.

La disponibilità all'accoglienza, in termini numerici o generali (art.25), è comunicata dagli Stati membri al Consiglio. Non si rinviene, nella Direttiva, alcuna norma secondo la quale il Consiglio può valutare la disponibilità manifestata dai singoli Stati membri, ma *"le informazioni fornite dagli Stati membri sulla loro capacità ricettiva"* sono inserite, al pari di una stima della portata dei movimenti degli sfollati, nella sua

---

[20] Non tutti i 15 Paesi attualmente facenti parte dell'Unione. Ai sensi dei protocolli sulla rispettiva posizione allegati al Trattato sull'Unione europea, alla Danimarca non si applicano le norme di questa Direttiva. Il Regno Unito e l'Irlanda hanno, invece, scelto di partecipare alla sua adozione ed applicazione.

decisione che dichiara *"l'esistenza di un afflusso massiccio di sfollati"* (art. 5).

Ovviamente se la capacità ricettiva complessiva mostrata dagli Stati membri è superiore al numero degli sfollati da assistere, i problemi saranno solo di ordine patrimoniale per la ripartizione (art. 24) del Fondo europeo per i rifugiati[21].

Più complessa sarà l'evenienza che il numero delle persone ammissibili alla protezione temporanea superi la capacità di accoglienza dichiarata dagli Stati membri.

Nessuna disposizione è contenuta nella Direttiva per superare tale, pur prevista, evenienza. L'art. 25 della Direttiva, si limita, infatti, a rinviare la questione ad una riunione urgente del Consiglio "che esamina la situazione e prende i provvedimenti appropriati, compresa la raccomandazione di un ulteriore sostegno allo Stato membro interessato."

Il problema principe di un afflusso di sfollati, ossia quello della sua equa ripartizione – già manifestatosi durante la crisi del Kosovo – non riceve una soluzione ben definita dalla Direttiva in esame che, nella versione della proposta originaria, non conteneva neppure il rinvio al Consiglio della decisione sul problema.

Neppure è chiarissima la durata massima della protezione temporanea. Ai sensi dell'art. 6, il Consiglio dell'Unione Europea può far cessare in qualsiasi momento il regime di protezione temporanea, ma è proprio in assenza di tale decisione che le deroghe al limite massimo di un anno prescritto dall'art. 4 non appaiono ben definite. Il comma 2 del medesimo art. 4 prescrive, infatti, che "qualora persistano motivi per la concessione della protezione temporanea, il Consiglio può deliberare, a maggioranza qualificata ... [su] una proposta di prorogare detta protezione temporanea di un anno", ma non chiarisce se questa proroga, su decisione del Consiglio, sia alternativa o supplementare rispetto alla proroga automatica, di sei mesi in sei mesi e fino ad un anno disposta dal primo comma del medesimo articolo 4.

---

[21] Decisione del Consiglio dell'Unione Europea 2000/596/CE.

Le cd. "norme procedurali" rivolte agli Stati membri vengono completate dall'enunciazione (artt. 25 e 26) del principio del "doppio assenso" necessario per il trasferimento degli sfollati. Il gradimento al trasferimento fra gli Stati membri deve essere manifestato, oltre che dagli Stati medesimi, anche dagli sfollati e ciò costituirà senz'altro, stante le verosimilmente possibili diverse forme di assistenza, un ulteriore ostacolo ad una equa ripartizione fra gli Stati membri.

Il Capo III della Direttiva (artt. 8 - 16) dispone degli obblighi degli Stati membri nei titolari della protezione temporanea circa assistenza sanitaria, alloggio, accesso al lavoro, accesso all'istruzione, al ricongiungimento familiare etc.

E' interessante notare, a questo riguardo alcune differenze fra il testo originario della proposta e la Direttiva approvata che riflettono l'irrigidimento delle posizioni nazionali sul tema.

Nel testo originario, per esempio, non figuravano le disposizioni ora presenti nell'art.11 che impone la riammissione – sull'esempio della Convenzione di Dublino e del successivo Regolamento – della persona che gode della protezione temporanea qualora essa soggiorni o tenti di entrare illegalmente nel territorio di un altro Stato membro.

L'originario art. 10 prescriveva la completa equiparazione degli sfollati ai rifugiati e la possibilità di intraprendere qualsiasi attività lavorativa concessa a questi ultimi. Nella versione finale (divenuta art. 12) l'equiparazione ai rifugiati scompare e gli Stati membri, pur riconoscendo agli sfollati di intraprendere – ma per un periodo non superiore alla durata della protezione temporanea – qualsiasi attività autonoma o subordinata, possono stabilire misure che diano la priorità ai cittadini dell'Unione Europea, ai Cittadini di Paesi dello Spazio Economico Europeo e ai cittadini di Paesi terzi che soggiornino regolarmente nel Paese.

Il trattamento delle malattie, previsto come misura minima di assistenza dall'originario art. 11 è divenuto, nel definitivo art. 13, "il trattamento essenziale delle malattie". Il medesimo art. 13 nella versione definitiva, si preoccupa anche di specificare che nella quantificazione dell'aiuto necessario, si tiene conto della capacità di provvedere alle proprie necessità per gli sfollati che svolgono una attività lavorativa.

Anche nell'accesso all'istruzione la versione definitiva è più rigida dell'originaria, almeno per gli sfollati adulti. L'obbligo di accesso al sistema educativo generale (art. 12 testo originario) è divenuto, nel definitivo art. 14, una mera facoltà.

Il ricongiungimento familiare (articolo 13 del testo originario) è divenuto più difficile con la stesura delle disposizioni definitive contenute nell'art. 15 della Direttiva.

Nella proposta della Commissione l'eventualità da prendere in considerazione è la separazione di famiglie già costituite nel Paese di origine a causa dell'afflusso massiccio. Le categorie di familiari che potevano chiedere ed ottenere il ricongiungimento erano individuate nel coniuge (o nel convivente se lo Stato membro dia una tutela alle coppie di fatto) nei figli, non sposati, della coppia o di uno dei coniugi, anche adottati e in altri familiari che, per particolari condizioni di salute, erano a carico del richiedente.

Nella versione definitiva l'accento viene posto più sul bisogno di protezione e delle difficoltà personali che sul semplice fatto della separazione.

L'art. 15 della Direttiva prescrive, infatti, che il diritto al ricongiungimento spetta al solo coniuge e ai figli minorenni e non sposati della coppia o di uno dei coniugi (o dei partner) che godano della protezione temporanea in un altro Stato membro. Per gli altri familiari a carico – divenuti "parenti stretti" nel testo definitivo – che godono della protezione temporanea in uno degli Stati membri, non esiste un obbligo al ricongiungimento, ma solo una possibilità, che sarà valutata "tenendo conto delle estreme difficoltà che essi incontrerebbero qualora il ricongiungimento non avesse luogo".

Per i familiari che non godono in un altro Stato membro del regime di protezione temporanea, il ricongiungimento potrà avvenire solo se essi "hanno bisogno di protezione". Sussistendo questo requisito, gli Stati membri sono obbligati al ricongiungimento del coniuge (o partner se la legislazione nazionale tutela le coppie di fatto) e dei figli minori non sposati e hanno facoltà di permettere il ricongiungimento degli altri "parenti stretti a carico".

In tal modo il coniuge o figli minori dello sfollato che vivono in un Paese terzo ove non corrono pericoli, non hanno alcun diritto al ricongiungimento.

La Direttiva si chiude con le disposizioni intese a regolare il rimpatrio degli sfollati. Anche qui si rinviene qualche novità in senso restrittivo: alle norme sui rimpatri assistiti e volontari è stato aggiunto l'art. 22 che tratta dei rimpatri forzati.

La Direttiva, purtroppo, nonostante i numerosi afflussi di migranti provenienti dal sud del mondo, non è mai stata applicata, a riprova della "ritrosia" degli Stati membri ad occuparsi di sbarchi, sia pur numerosi, che, però investivano un solo stato membro, il nostro.

Il Regolamento di Dublino e la sua clausola capestro di "chi li ha se li tiene" è stata sempre una buona giustificazione per negare quei principi solidaristici che la direttiva sottiene.

Direttiva del Consiglio recante norme minime relative all'accoglienza dei richiedenti asilo negli Stati membri (2003/9/CE).

Questa Direttiva[22] , la 2003/9/CE[23], [proposta della Commissione COM(2001-181][24] fa parte, insieme a quella relativa alla "qualifica" di rifugiato e a quella sulle "norme minime di procedura per il riconoscimento dello status di rifugiato", del trittico di direttive in materia di asilo presentate dalla Commissione in ottemperanza al disposto del nuovo articolo 63 del Trattato che istituisce le Comunità Europee.

Il suo scopo è quello di definire, in maniera armonizzata fra gli Stati membri[25] quale accoglienza deve essere riservata a chi chiede asilo. In altre parole, essa definisce i contenuti dell'assistenza che non può essere negata a chi è in quella "zona grigia" fra la presentazione della domanda di asilo e la decisione sulla stessa.

L'accoglienza riservata a questa proposta di Direttiva da parte degli Stati membri è stata formalmente molto calorosa. Nessuno Stato membro poteva politicamente negare il diritto dei richiedenti asilo ad avere cure mediche, un posto dove vivere, qualcosa per sfamarsi, una scuola per i bambini. Sull'esistenza di questi diritti nessuna voce si è levata, ma, alla fine, nel testo approvato, il contenuto di questi diritti si è svuotato e di molto.

---

[22] Direttiva presentata dalla Commissione [COM(2001)181] il 3 aprile 2001 in Gazzetta Ufficiale dell'Unione europea C 213 E del 31 luglio 2001, approvata dal Consiglio dell'Unione Europea il 27 gennaio 2003 e pubblicata sulla Gazzetta Ufficiale dell'Unione Europea L 31 del 6 febbraio 2003. Gli Stati membri dovranno recepire le disposizioni nel diritto nazionale entro il 6 febbraio 2005.

[23] https://eur-lex.europa.eu/legal-content/IT/TXT/PDF/?uri=CELEX:32003L0009&from=EN

[24] https://eur-lex.europa.eu/legal-content/IT/TXT/PDF/?uri=CELEX:52001PC0181&qid=1562588279363&from=IT

[25] Per le particolari condizioni di adesione all'Unione Europea, la Direttiva non si applica alla Danimarca né, per scelta espressa di quel Paese, all'Irlanda. Il Regno Unito ha scelto invece di partecipare all'adozione e all'applicazione della Direttiva.

Per Paesi che ricevono, come Germania e Regno Unito, decine di migliaia di domande di asilo ogni anno, il notevole esborso economico conseguente all'applicazione di tutte le norme contenute nella proposta di Direttiva presentata dalla Commissione costituiva un problema non indifferente anche da un punto di vista politico nella non soddisfacente condizione economica del momento.

Un altro aspetto da non sottovalutare per comprendere le ragioni delle profonde differenze fra il testo proposto dalla Commissione e quello approvato dal Consiglio è la preoccupazione, comune a tutti gli Stati membri, di non rendere appetibile la condizione di richiedente asilo a chi è spinto a lasciare il proprio Paese solo per motivazioni economiche e non per il timore di persecuzioni. Una condizione di "asilante" economicamente vantaggiosa, anche se a termine, costituirebbe un ottimo paravento per chi, fuggendo la miseria, è intenzionato a tentare la fortuna in un ricco Paese europeo.

L'esame comparato dell'articolato del progetto di Direttiva con il testo approvato è illuminante nel comprendere le motivazioni di cui sopra.

Già dalle definizioni (art. 2) scompare, fra i familiari del richiedente asilo (che bene o male, sono anch'essi da assistere, quando non possiedono un titolo proprio), la categoria degli "altri soggetti appartenenti al nucleo familiare, non coniugati e a carico".

Nell'ambito di applicazione (art. 3) viene specificato chiaramente che le misure di assistenza sono riservate a chi soggiorna regolarmente in qualità di richiedente asilo ed ai familiari, esaustivamente definiti dalla Direttiva ed inclusi nella domanda di asilo.

Anche le informazioni da fornire ai richiedenti asilo (art. 5) vengono ritoccate. L'obbligo dell'immediatezza delle informazioni da fornire per iscritto viene temperato da un termine di quindici giorni dalla presentazione della domanda e dalla possibilità di fornirle oralmente. Scompare l'obbligo di informare i familiari della possibilità di presentare una domanda autonoma.

Il primo comma dell'art. 7 dispone il principio della libera circolazione dei richiedenti asilo sul territorio nazionale, ma i commi seguenti, parecchio modificati rispetto al testo originario, si preoccupano di lasciare agli Stati membri la possibilità di stabilire, per il richiedente asilo, un luogo di residenza per motivi di pubblico interesse, ordine pubblico o "per il trattamento rapido ed il controllo efficace della domanda", nonché il suo confinamento in un determinato luogo per motivi di ordine pubblico o per indeterminati motivi "legali".

L'effettività del diritto alla libera circolazione all'interno dello Stato membro viene altresì diminuita dalla possibilità di subordinare la concessione delle condizioni materiali di accoglienza all'effettiva residenza del richiedente asilo in un determinato luogo.

Nel testo presentato dalla Commissione le limitazioni alla libertà personali erano più generiche con un rinvio al corrispondente articolo della proposta di Direttiva sull'armonizzazione delle procedure di esame di una domanda di asilo. Nel testo definitivo è stato soppresso il comma che prevede specifiche disposizioni per il ricorso, anche con assistenza legale gratuita, avverso provvedimenti limitativi della libertà personale e la possibilità di ricorso è stata inserita nel più generico articolo 21 che tratta dei mezzi di ricorso avverso tutti i dinieghi delle misure di assistenza previste dalla Direttiva.

Anche l'obbligo di provvedere all'effettiva scolarizzazione dei minori alle stesse condizioni dei cittadini entro sessantacinque giorni dalla presentazione della domanda di asilo – previsto dal testo presentato dalla Commissione – è stato ridotto, dall'art. 10, ad un consenso all'accesso, in condizioni simili a quelle dei cittadini, al sistema educativo entro tre mesi dalla presentazione della domanda di asilo.

Forti resistenze ha incontrato la disposizione – inserita nel testo originario – di vietare agli Stati membri di negare ai richiedenti asilo l'accesso al lavoro e alla formazione professionale per più di sei mesi.

Molti Paesi, come Germania e Austria si sono fortemente opposti a tale formulazione che coinvolge aspetti legati al lavoro e alla previdenza sociale che esulano dalle previsioni dell'art. 63 del Trattato.

In sede di compromesso portato fino al livello del Consiglio GAI furono redatti i definitivi artt. 11 e 12. L'accesso al lavoro viene consentito ai richiedenti asilo al massimo entro un anno dalla presentazione della domanda, a condizione che la procedura per il riconoscimento dello status di rifugiato non abbia subito ritardi per colpa dello stesso richiedente. Gli Stati membri potranno dare, comunque, la priorità nel lavoro ai cittadini dell'Unione, dello Spazio Economico Europeo e ai cittadini di Paesi terzi regolarmente soggiornanti nell'Unione.

L'accesso alla formazione professionale potrà essere consentito anche indipendentemente dall'accesso al mercato del lavoro oppure seguirà, se collegata ad un contratto di lavoro (ipotesi frequente in Germania), le regole dettate per l'accesso al lavoro.

Le disposizioni contenute negli articoli 13, 14 e 15 della Direttiva che disciplinano le condizioni materiali di accoglienza (alloggio, vitto, assistenza sanitaria) erano precedute, nel testo presentato dalla Commissione, dall'obbligo di riconoscere tali condizioni materiali sia durante i procedimenti ordinari sia durante quelli di ricorso, se essi consentono la permanenza del richiedente asilo nello Stato membro. Il riferimento al permanere delle condizioni di accoglienza durante i procedimenti di ricorso non è più presente nel testo definitivo. Analoghi riferimenti al permanere dei documenti attestanti la qualità di richiedente asilo durante la fase di ricorso e al permanere dell'assistenza sanitaria sono stati soppressi nel precedente art. 6 e nel successivo art. 15. Ciò, unitamente alla soppressione della disciplina delle procedure di appello nella proposta di direttiva sulle procedure per l'esame di una domanda di asilo indica abbastanza chiaramente la volontà degli Stati membri di limitare l'armonizzazione al solo primo grado di giudizio.

Le condizioni materiali di accoglienza, proprio per la loro quantificabilità economica, sono state parecchio ridotte nel testo definitivo.

Nell'art. 13 sono state inserite, per esempio, norme che consentono agli Stati membri di "subordinare la concessione di tutte le condizioni materiali di accoglienza ... alla condizione che i richiedenti asilo non dispongano di mezzi sufficienti" oppure di "obbligare i richiedenti asilo a sostenere o contribuire a sostenere i costi ... qualora dispongano di sufficienti risorse" o addirittura di chiedere un rimborso se emerga, successivamente alla concessione di sussidi, che il richiedente asilo possedeva risorse adeguate.

Il testo originario si limitava a prevedere una riduzione o revoca delle condizioni materiali di accoglienza dopo tre mesi dall'accesso al lavoro, fermo restando un sussidio per l'alimentazione e l'assistenza sanitaria in caso di insufficienza di risorse personali.

Nella proposta di Direttiva presentata dalla Commissione era chiarito che l'alloggio può essere fornito sia mediante controvalore monetario sia in natura in locali appositamente attrezzati, in centri di accoglienza in case, appartamenti o alberghi privati.

Nel testo definitivo dell'art. 14 il riferimento al controvalore monetario è scomparso, sostituito da un più generico "Nel caso in cui l'alloggio è fornito in natura, esso dovrebbe essere concesso..." e alle forme già previste dal testo originario si è aggiunto la possibilità di non meglio specificate "altre strutture atte a garantire un alloggio".

Nel medesimo articolo è stata introdotta la possibilità, per gli Stati membri, di derogare alle modalità prescritte per la concessione delle condizioni materiali di accoglienza "per un periodo ragionevole e di durata il più breve possibile" nei casi di presame della domanda di asilo, di domande presentate in frontiera, di esaurimento delle possibilità alloggiative o di indisponibilità di condizioni materiali di accoglienza in una determinata area geografica.

L'articolo 15 riduce, infine, l'assistenza sanitaria di base nelle fasi del ricorso avverso una decisione di diniego al minimo costituito dal pronto soccorso e dal trattamento essenziale delle malattie.

Per gli stessi motivi per i quali è stata di molto diminuita l'ampiezza della concessione delle condizioni materiali di accoglienza, nel testo definitivo (art. 17) è stata di molto aumentata la possibilità di revoca delle stesse.

Mentre nel testo originario, per vedersi ridurre o revocare, le misure di assistenza era necessario che il richiedente asilo si rendesse irreperibile, nel testo definitivo basta che egli lasci senza permesso il luogo di residenza stabilito.

Viene, inoltre, stabilito che possano essere negate le condizioni materiali di accoglienza se il richiedente asilo ha indugiato, dopo il suo ingresso nello Stato membro, a presentare la domanda di asilo ed, inoltre, viene ribadita la possibilità di chiedere un rimborso al richiedente asilo che abbia occultato le proprie risorse economiche, nonché la possibilità di sanzioni per violazioni alle regole di convivenza nei centri di accoglienza.

La Direttiva fu recepita nell'ordinamento italiano con il Decreto Legislativo 30 maggio 2005, n. 140.

Nel 2012 la Commissione, con lo scopo di armonizzare ulteriormente le normativa nazionali propose, ed il Consiglio, in co-decisione con il Parlamento Europeo, l'anno successivo approvò la Direttiva 2013/33/EU[26] che abrogò la precedente indicando agli Stati membri criteri più stringenti per l'accoglienza da riservare ai richiedenti protezione internazionale. La spinosa questione del trattenimento, prima inserita nella Direttiva procedure, ora è inserita nella Direttiva "accoglienza" sancendo che il trattenimento:

- dovrebbe essere regolato in conformità al principio fondamentale per cui nessuno può essere trattenuto per il solo fatto di chiedere protezione internazionale;

- deve essere "il più breve possibile";

- può essere disposto soltanto nelle circostanze eccezionali definite molto chiaramente nella direttiva;

- ed inoltre che al fine di meglio garantire l'integrità fisica e psicologica dei richiedenti, è opportuno che il ricorso al trattenimento sia l'ultima risorsa e possa essere applicato solo dopo che tutte le misure non detentive alternative al trattenimento siano state debitamente prese in considerazione. Ogni eventuale misura alternativa al trattenimento deve rispettare i diritti umani fondamentali dei richiedenti.

---

[26] https://eur-lex.europa.eu/legal-content/IT/TXT/PDF/?uri=CELEX:32013L0033&from=IT

La Direttiva è stata recepita nel nostro ordinamento con il Decreto legislativo 18 agosto 2015, n.142.

Regolamento del Consiglio che stabilisce i criteri ed i meccanismi di determinazione dello Stato membro competente per l'esame di una domanda di asilo presentata in uno degli Stati membri da un cittadino di un Paese terzo. 343/2003/CE. Cd. Regolamento di Dublino II.

Il nuovo Regolamento[27] , il 343/2003/CE[28], fu proposto [proposta Commissione COM(2001)447][29] in seguito alle richieste del Consiglio Europeo di Tampere del 1999 che aveva indicato fra gli obiettivi di breve periodo l'adozione di uno strumento per determinare con chiarezza e praticità lo Stato competente per l'esame di una domanda di asilo.

A dire il vero uno strumento atto allo scopo esisteva già, la cosiddetta Convenzione di Dublino[30] che, però, non è uno strumento comunitario, bensì un accordo fra Stati.

La Convenzione di Dublino si basa sul principio della responsabilità dello Stato di primo ingresso ad esaminare la domanda di asilo e a sopportare gli oneri dell'eventuale nuovo rifugiato anche se quest'ultimo, prima o dopo aver presentato una domanda di asilo, si sposta in un secondo Stato membro per presentare una nuova istanza di protezione.

Probabilmente non si sentiva la mancanza di un nuovo strumento normativo basato, per di più, sul medesimo principio della responsabilità dello Stato membro di primo ingresso.

---

[27] Proposta della Commissione del 26 luglio 2001 COM(2001)447 in Gazzetta Ufficiale dell'Unione europea C 304 E del 30 ottobre 2001; approvato dal Consiglio il 18 febbraio 2003; pubblicato su gazzetta ufficiale dell'Unione Europea L 50 del 25 febbraio 2003.
[28] https://eur-lex.europa.eu/legal-content/IT/TXT/PDF/?uri=CELEX:32003R0343&from=IT
[29] https://eur-lex.europa.eu/legal-content/IT/TXT/PDF/?uri=CELEX:52001PC0447&qid=1562588446120&from=IT
[30] Convenzione per la determinazione dello Stato competente per l'esame di una domanda di asilo presentata in uno degli Stati membri delle Comunità europee, firmata a Dublino il 15 giugno 1990 in Gazzetta Ufficiale delle Comunità europee del 19 agosto 1997.

Per ammissione della stessa Commissione[31] gli Stati membri si dichiarano competenti per quasi il 95% delle domande di asilo presentate; solo nel 6% dei casi lo Stato membro trasmette ad un altro stato membro una richiesta di riammissione e solo l'1,70% dei richiedenti asilo è realmente oggetto di trasferimento fra Stati membri. Mettere insieme un complesso e costoso strumento amministrativo che si occupi della sorte di una cifra inferiore al 2% dei richiedenti asilo appare quanto meno antieconomico e facilmente sostituibile da misure compensative.

Probabilmente, però, la constatazione del gran numero di richiedenti asilo che entrano – anche illegalmente - dai Paesi meridionali dell'Unione con il solo scopo di chiedere asilo in uno dei Paesi settentrionali della stessa, attratti da catene amicali o parentali, da una migliore assistenza e da migliori possibilità di lavoro, ha spinto la Commissione a presentare il nuovo strumento normativo basato sempre sul principio generale che "la competenza dell'esame di una domanda di asilo spetta allo Stato membro che risulta maggiormente responsabile dell'ingresso e del soggiorno nel territorio degli Stati membri"[32] con buona pace del principio della frontiera esterna comune la cui sorveglianza è un onere per tutti gli Stati membri.

Eppure una soluzione che privilegia la volontà del richiedente asilo, rendendo quindi superfluo il marchingegno burocratico della Convenzione di Dublino e del nuovo Regolamento poteva essere realmente perseguita, ma è stata scartata con una motivazione alquanto risibile, visto che uno degli obiettivi del Trattato di Amsterdam e del Consiglio di Tampere è proprio l'armonizzazione delle procedure nazionali per il riconoscimento dello status di rifugiato: "la soluzione alternativa più credibile, ossia quella di attribuire la competenza esclusivamente sulla base del luogo nel quale è stata presentata la domanda – si legge nella Relazione illustrativa della Commissione alla proposta di Regolamento – permetterebbe certamente di instaurare un sistema chiaro ed efficace che risponde agli obiettivi di assicurare rapidità e certezza, evitare il fenomeno dei rifugiati "vaganti", porre fine

---

[31] "Valutazione della Convenzione di Dublino" SEC(2001)756 del 13 giugno 2001.
[32] Relazione della Commissione alla proposta di Regolamento.

al problema delle domande di asilo multiple e garantire l'unità del nucleo familiare. Tuttavia … ciò richiederebbe un'armonizzazione in altri settori, ad esempio le procedure di asilo, le condizioni di accoglienza, l'interpretazione della definizione della nozione di "rifugiato" e di protezione sussidiaria per ridurre i fattori che potrebbero indurre i richiedenti asilo a scegliere fra i diversi Stati membri al momento della presentazione della domanda".

Per questi aspetti eccessivamente penalizzanti verso alcuni Stati membri e stante l'esistenza di uno strumento non molto dissimile, la discussione in seno ai gruppi di lavoro del Consiglio dalla proposta di Regolamento, da subito chiamato Dublino II, non ha visto la solita ricerca, da parte degli Stati membri, di rendere più stringente un testo giudicato troppo morbido oppure di rendere il testo in discussione più vicino alla propria legislazione nazionale, bensì una netta divisione di argomentazioni fra Paesi meridionali penalizzati (principalmente Italia e Grecia) e Paesi settentrionali non più disposti a ricevere asilanti dalla parte meridionale dell'Unione (principalmente Svezia e Germania).

Insomma, il nuovo strumento normativo, più che un sistema per definire la competenza ad esaminare le domande di asilo, viene visto come una sorta di trattato di riammissione fra gli Stati membri.

Il nucleo principale del Regolamento Dublino II è costituito, come nella previgente Convenzione, dalla rigida gerarchia dei criteri per stabilire la competenza e, in più, dalla altrettanto rigida tempistica per la presa e la ripresa in carico dei richiedenti asilo trasferiti che, come fattore di novità, sanziona l'inerzia degli Stati membri.

Nel testo originario presentato dalla Commissione il punto critico rappresentato dall'ingresso e/o soggiorno clandestino in uno o più Stati membri era risolto come segue: la competenza per l'esame di una domanda di asilo di un cittadino di paese terzo entrato clandestinamente nel territorio dell'Unione è dello Stato membro di primo ingresso. La competenza (e la responsabilità) decade se il clandestino, prima di presentare domanda di asilo nel secondo Stato membro vi abbia soggiornato per almeno sei mesi. Un dimostrato periodo di clandestinità viene anche adottato come termine di passaggio della competenza da uno Stato membro ad un altro e si basa sul presupposto – si legge nella relazione illustrativa alla proposta di Regolamento – che lo Stato membro il quale per sei mesi o più non ha individuato la presenza irregolare di un cittadino di un paese terzo si è dimostrato carente negli obiettivi di controllo dell'immigrazione clandestina e deve assumersene le conseguenze nei confronti dei suoi partners.

Il termine di sei mesi veniva ridotto a due nel caso di una consapevole tolleranza della presenza irregolare dello straniero. Si tratta in questo caso – puntualizza la relazione illustrativa – di situazioni in cui le autorità dello Stato membro sono a conoscenza della presenza irregolare della persona interessata e non hanno adottato alcun provvedimento al fine del suo allontanamento, favorendo, con l'inerzia, i progetti dello straniero di recarsi in un altro Stato membro.

Nel testo approvato, i criteri della responsabilità dello Stato di primo ingresso sono stati raggruppati nell'art. 10 che prevede sempre la responsabilità dello Stato membro di primo ingresso per i richiedenti asilo entrati clandestinamente nell'Unione. Ma detta responsabilità cessa dopo 12 mesi dall'ingresso clandestino. Se tale responsabilità non sussiste o non sussiste più, la competenza passa allo Stato membro ove lo straniero ha soggiornato per un periodo continuato di almeno 5 mesi.

Il vivo dibattito fra gli Stati membri, risolto solo con un compromesso a livello di ministri, probabilmente ha nuociuto alla costruzione finale dell'articolo cardine della gerarchia dei criteri. Non appare ben chiaro, infatti, di quale Stato membro sia la competenza ad esaminare la domanda di asilo presentata da chi ha varcato clandestinamente la frontiera esterna del primo Stato membro da più di 12 mesi, ma ha soggiornato per meno di 5 mesi nel secondo Stato membro ove ha presentato la domanda di asilo. Probabilmente il caso potrà essere risolto con la clausola finale contenuta nell'art. 13: "Quando lo Stato membro competente per l'esame della domanda di asilo non può essere designato sulla base dei criteri enumerati nel presente Regolamento è competente il primo Stato membro nel quale la domanda è stata presentata."

Nel testo definitivo (art.18) è stata resa, inoltre, più chiara e definita l'adozione degli elenchi dei mezzi di prova atti a dimostrare l'ingresso e il soggiorno clandestino del richiedente asilo.

Oltre la parziale modifica del sistema della responsabilità dello Stato membro di primo ingresso, il dibattito nei gruppi di lavoro del Consiglio ha consentito di rendere meno stretti i termini di riposta degli Stati membri alle richieste di presa e di ripresa in carico dei richiedenti asilo da trasferire. A differenza della Convenzione di Dublino ove il decorso del termine non era sanzionato, nel Regolamento infatti, il decorso del termine senza risposta è sanzionato con lo spostamento della competenza ad esaminare la domanda (art.17) o con l'equiparazione all'accettazione di presa in carico (art.18).

Anche questo Regolamento è stato modificato. Più nella forma che nella sostanza. Dal 1° gennaio 2014 è in vigore il Regolamento 2013/603/EU[33] (cd. Dublino III) che sostituisce integralmente il precedente.

Il principio cardine rimane quello della competenza del primo Stato membro di approdo del richiedente protezione internazionale. Sono state introdotte piccole eccezioni per i ricongiungimenti familiari ed una "clausola capestro" (art.33) che sotto il titolo accattivante di "Meccanismo di allerta rapido" mette, in pratica, sotto tutela della Commissione quello Stato membro in cui il meccanismo di Dublino entra in crisi.

Ed è tuttora in discussione una nuova riforma il cd. Dublino IV, con un forte scontro fra Consiglio e Parlamento, di cui si dirà in seguito.

---

[33] https://eur-lex.europa.eu/legal-content/IT/TXT/PDF/?uri=CELEX:32013R0603&from=it

Direttiva del Consiglio relativa al ricongiungimento familiare (2003/86/CE).

Questa Direttiva[34], la 2003/86/CE[35], [Proposta Commissione 1999-638][36] a differenza delle altre che disciplinano l'ambito del diritto di asilo già garantito dalla Convenzione di Ginevra, tocca il diverso ambito dell'immigrazione, settore politicamente molto delicato e privo di precedenti accordi normativi fra i partner dell'Unione.

L'iter di discussione e di approvazione della Direttiva ne ha pesantemente risentito. Dalla proposta della Commissione, che ha dovuto procedere ad una seconda riscrittura, alla sua approvazione sono passati ben tre anni e mezzo.

Eppure lo scopo della Direttiva è alquanto ridotto. Non si addentra nell'armonizzazione delle norme e procedure relative all'ingresso di lavoratori o all'armonizzazione della durata dei permessi di soggiorno. Essa si limita ad armonizzare le norme relative ad un istituto conosciuto in tutti i Paesi dell'Unione. Quando un cittadino di un Paese terzo è riuscito a risiedere legalmente in uno Stato membro e ad affrancarsi dalle condizioni di bisogno che l'hanno spinto ad emigrare, è naturale che egli cerchi di riunirsi alla famiglia per permettere anche a questa di godere della migliore condizione economica.

Lo schema della Direttiva proposta dalla Commissione nel 1999 è molto semplice: il cittadino di un Paese terzo che risiede legalmente in un Paese dell'Unione, se ha i mezzi economici per sostenerli e non ostano cause di ordine pubblico o di salute pubblica, può farsi raggiungere dai familiari. I familiari, una volta entrati nel Paese membro, ai fini di una migliore integrazione e per non rimanere isolati, accedono

---

34 Direttiva presentata dalla Commissione il 1° dicembre 1999. COM(1999)638 su Gazzetta Ufficiale dell'Unione europea C 116 E del 26 aprile 2000. Proposta modificata COM(2000) 624 su Gazzetta Ufficiale dell'Unione europea C 62 E del 27 febbraio 2001. Approvata dal Consiglio dell'Unione Europea il 22 settembre 2003 su Gazzetta Ufficiale dell'Unione europea L 251 del 3 ottobre 2003.

35 https://eur-lex.europa.eu/legal-content/IT/TXT/PDF/?uri=CELEX:32003L0086&from=FR

36 https://eur-lex.europa.eu/legal-content/IT/TXT/PDF/?uri=CELEX:C2000/116E/15&from=IT

all'istruzione, al lavoro e a tutte quelle ovvie garanzie a cui i cittadini dell'Unione sono ormai abituati.

Nella discussione in seno ai diversi Gruppi del Consiglio, gli Stati membri si sono adoperati come non mai per circondare questo semplice schema di sempre più numerose e rigide condizioni, ritirando le numerose riserve solo quando, almeno con una clausola facoltativa ("may provision"), la normativa nazionale veniva rispettata. Oltre alla Danimarca, anche Irlanda e Regno Unito – profittando delle particolari clausole della loro adesione all'Unione - si sono chiamati fuori dall'applicazione della Direttiva.

Il risultato è abbastanza sconsolante. Più che una armonizzazione delle normative, la Direttiva è l'insieme delle normative nazionali in materia corredate da un numero veramente notevoli di clausole facoltative che, se adottate tutte da uno stesso Stato membro, renderebbero praticamente impossibile l'attuazione di quello che il titolo della Direttiva continua a chiamare "diritto" al ricongiungimento familiare.

Già nell'articolo 1 le richieste degli Stati membri si sono rivolte a contrastare l'istituzione di un diritto in capo ai cittadini dei Paesi terzi, tantoché lo scopo originario della Direttiva, ossia l'istituzione del diritto al ricongiungimento familiare, è diventato quello "di fissare le condizioni per l'esercizio del diritto al ricongiungimento familiare".

E le condizioni per l'esercizio di questo diritto iniziano ad essere pesanti, ed indeterminate, già dal successivo articolo 3 che aggiunge alla condizione di possedere un permesso di soggiorno di durata almeno annuale, quella della "fondata prospettiva di ottenere il diritto a soggiornare in modo stabile".

Oltre ai diritti, il testo definitivo riduce anche le categorie di familiari che possono ottenere il ricongiungimento. La proposta originaria estendeva il diritto al ricongiungimento al coniuge (o al partner non sposato se la legislazione interna dello Stato membro tutela la famiglia di fatto) ai figli della coppia, o di uno dei coniugi, purché minorenni e non sposati, nonché agli ascendenti e ai figli maggiorenni, purché a carico.

Il testo approvato (Art. 4) relega gli ascendenti e i figli maggiorenni nella categoria di familiari il cui ricongiungimento è lasciato alla potestà normativa del singolo Stato membro che può derogare, inoltre, alla pienezza del diritto al ricongiungimento dei figli minorenni.

Infatti, per i figli minorenni, ma che abbiano superato i dodici anni, può essere richiesto il superamento di non meglio determinate misure di integrazione se il suo ingresso avviene "indipendentemente dal resto della famiglia". Inoltre gli Stati membri possono richiedere che le domande riguardanti il ricongiungimento familiare dei figli minorenni debbano esser presentate prima del compimento del quindicesimo anno di età. In caso contrario ad essi verrà concesso un non meglio determinato permesso di soggiorno per motivi diversi dal ricongiungimento familiare.

Queste due ultime disposizioni, a prima vista incomprensibili, sono state "sostenute" da Germania ed Austria per limitare il fenomeno dell'ingresso di figli minorenni, ma comunque non in tenera età, affidati fino ai dodici-quindici anni ai parenti nel Paese di origine, e presumibilmente, di più difficile integrazione.

L'obbligo della domanda presentata prima che il minore compia i quindici anni si spiega con la preoccupazione austriaca di preordinare le quote annuali di ingresso di cittadini di Paesi terzi che lì sono estese anche ai familiari.

Anche i tempi della burocrazia sono stati soddisfatti dal testo definitivo. L'obbligo della comunicazione della decisione sulla domanda di ricongiungimento familiare è stato portato dall'art. 5 da sei a nove mesi, prorogabili – senza la fissazione di un limite – in caso di "complessità" della domanda.

Ai normali requisiti economici per poter richiedere il ricongiungimento (alloggio adeguato, assicurazione malattie, risorse sufficienti per il mantenimento), l'art. 7 aggiunge – su richiesta di Germania e Austria – la possibilità, per gli Stati membri, di "chiedere ai cittadini di paesi terzi di soddisfare le misure di integrazione, conformemente alla legislazione nazionale". La Direttiva non dispone alcunché sul contenuto di tali misure che vengono lasciate alla completa discrezione degli Stati membri. Nulla viene detto se il soddisfacimento di tali misure deve esser provato prima o dopo l'ingresso dei familiari sul territorio nazionale. Appare però alquanto strano che misure di integrazione vengano richieste quando una persona non è ancora (mai stata) sul territorio nazionale. Ma, nel caso che le misure di integrazione vengano chieste dopo l'ingresso sul territorio nazionale, resta da capire a che titolo essi soggiornino su di esso prima del soddisfacimento di tali misure e con quali garanzie (di assistenza, di accesso al lavoro etc). Forti preoccupazioni in tal senso suscita la seconda parte del secondo comma del medesimo articolo 7. Esso dispone che, in caso di ricongiungimento chiesto da rifugiati, le misure di integrazione possono essere applicate solo dopo che alle persone interessate sia stato accordato il ricongiungimento familiare. Ragionando a contrario, si può dedurre – in mancanza di altri elementi – che lo Stato membro, per i familiari il cui ricongiungimento è stato chiesto da un non rifugiato, possono accordare il ricongiungimento solo dopo il superamento delle misure di integrazione con la creazione di uno "spazio grigio" fra l'ingresso dei familiari e il permesso di soggiorno per ricongiungimento familiare che potrebbe vanificare molti termini e garanzie prescritte dalla Direttiva.

Aumentano, invece, le garanzie richieste al cittadino di un Paese terzo che chiede il ricongiungimento familiare e le facoltà di dilazionare tale ricongiungimento concesse agli Stati membri. L'articolo 8 si preoccupa, infatti, di raddoppiare, portandolo a due anni, il periodo di tempo minimo di soggiorno legale che gli Stati membri possono chiedere prima di consentire il ricongiungimento. Su richiesta austriaca, è stata aggiunta la facoltà, per gli Stati membri che contingentano anche tali tipi di ingresso, di posporre per non più di tre anni dalla domanda, l'ingresso sul territorio nazionale dei familiari ricongiunti.

E' sembrato opportuno inserire nella Direttiva un Capo V ove è regolata, in modo più semplice, la possibilità del ricongiungimento familiare per i rifugiati. Ma, alla fine, le facilitazioni ai rifugiati si risolvono solo in una minore fiscalità della documentazione attestante il vincolo familiare (art.11) e nella possibilità di presentare la domanda senza attendere un periodo minimo di permanenza legale (art. 12), in quanto le norme che autorizzano il ricongiungimento di altri familiari non previsti dalla Direttiva (art.10) sono facoltative. Anche la possibilità di esonero dalle condizioni economiche è soggetta a diverse limitazioni. Gli Stati membri possono chiedere al rifugiato il soddisfacimento delle condizioni economiche e di integrazione se il ricongiungimento familiare è possibile in un Paese terzo con il quale il richiedente o il familiare abbiano legami particolari (art.12). Parimenti possono esser chiese le garanzie di reddito se la domanda di ricongiungimento familiare non viene presentata entro tre mesi dal riconoscimento dello status di rifugiato.

L'accordo sulle modalità di accesso al lavoro per i familiari è stato lungo e laborioso ed è stato raggiunto imponendo il termine massimo di un anno (art.14) prima di autorizzare il detto accesso, ma lasciando alle singole legislazioni nazionali stabilire sia "le condizioni alle quali i familiari possono esercitare un attività lavorativa", sia la possibilità di accesso al lavoro degli eventuali ascendenti o figli maggiorenni.

Non sono poste, invece, condizioni all'accesso all'istruzione e alla formazione professionale.

La Direttiva fissa anche alcune clausole "umanitarie". L'art. 15 prevede che dopo un periodo massimo di cinque anni di soggiorno (erano quattro anni nel testo originario) al familiare venga rilasciato un permesso di soggiorno indipendente da quello del richiedente, ma il secondo comma dispone la possibilità che tale rilascio possa essere limitato al solo coniuge in caso di rottura del vincolo matrimoniale. Gli Stati membri sono, infine, invitati ad adottare misure idonee a garantire il rilascio di un permesso di soggiorno autonomo al familiare "quando situazioni particolarmente difficili lo richiedano".

Gli Stati membri possono rigettare la domanda di ricongiungimento familiare o rifiutare il rinnovo del conseguente permesso se le condizioni per l'ottenimento non sono più soddisfatte o si scopre che il ricongiungimento era stato ottenuto con l'inganno. Parimenti (art. 16) il permesso di soggiorno può esser revocato se il richiedente ed il familiare non abbiano più un vincolo coniugale o familiare effettivo o se il matrimonio ha avuto luogo al solo scopo di permettere all'interessato di entrare o soggiornare in uno Stato membro. Singolare, a tal proposito, la disposizione che permette agli Stati membri, nella valutazione della pretestuosità di un matrimonio, di prendere in considerazione (e quindi di inserire nella motivazione della revoca) il fatto che il matrimonio sia stato contratto successivamente al rilascio del permesso di soggiorno al richiedente il ricongiungimento familiare.

Da quanto esposto si nota con chiarezza il disfavore degli Stati membri verso la costituzione, o la ricostituzione, nel proprio territorio del nucleo familiare dell'immigrato. Probabilmente l'interesse a mantenere il fattore di attrazione costituito dal nucleo familiare fuori dai confini europei è superiore al fattore di stabilità e di dimostrata minor propensione alla delinquenza costituiti dalla riunione del nucleo familiare.

L'eccessiva differenziazione delle condizioni per l'ottenimento del ricongiungimento familiare derivante dalle numerose clausole facoltative porterà senz'altro ad una scelta cosciente dello Stato membro da parte dell'immigrato in base alla maggiore o minore possibilità di poter portare con sé, in tempi brevi, i propri familiari.

Infatti, la trasposizione nel diritto nazionale della Direttiva potrà permettere situazioni "facili" in cui è possibile portare con sé, anche appena ottenuto il primo permesso di soggiorno, anche ascendenti o figli maggiorenni che potranno anche essi lavorare fin da subito alle sole condizioni di poter dimostrare l'iniziale loro mantenimento. Al contrario potranno essere possibili situazioni "difficili" per le quali l'immigrato, prima di chiedere il ricongiungimento del solo coniuge e figli minori deve aver soggiornato per almeno due anni nello Stato membro, il ricongiungimento potrà essere differito di altri tre anni, i figli minorenni ma ultradodicenni potranno essere sottoposti a misure di integrazione;

i figli per i quali ha (potuto) presentare una domanda quando essi hanno superato i 15 anni, potranno avere un permesso di soggiorno rilasciato ad altro titolo; quando, infine, il ricongiungimento è effettuato, per l'accesso al mercato del lavoro potrà essere richiesta l'attesa di un ulteriore anno.

La Direttiva fu recepita nell'ordinamento nazionale con il Decreto legislativo 8 gennaio 2007, n. 5.

Direttiva del Consiglio relativa allo status dei cittadini di Paesi terzi che siano residenti di lungo periodo. (2003/109/CE)

Anche la questa Direttiva[37], la 2003/109/CE[38], [proposta Commissione COM(2001)127][39] un po' più ambiziosa della precedente, ha risentito del nuovo clima di maggior diffidenza degli Stati membri verso i temi connessi con l'immigrazione. Ne sono testimonianza i due anni e mezzo intercorrenti fra la presentazione e la sua approvazione.

Il progetto della Commissione, in attuazione del disposto dell'articolo 63 TCE, era quello di armonizzare il trattamento giuridico specifico di favore che gli ordinamenti nazionali degli Stati membri già riservano ai cittadini di Paesi terzi che soggiornano da svariati anni nel loro territorio. Il trattamento di favore si concretizza in una stabilità e permanenza del permesso di soggiorno che diventa indipendente dall'attualità della condizione lavorativa, nell'accesso al pari dei cittadini a tutte le forme di previdenza e di assistenza e di una protezione rafforzata contro l'espulsione.

La seconda parte della proposta di Direttiva presentata dalla Commissione affronta, invece, un aspetto totalmente nuovo. La parificazione del residente di lungo periodo in uno Stato membro al cittadino europeo nell'ambito del diritto di stabilimento in un altro Stato dell'Unione con la possibilità di poter scegliere liberamente dove lavorare.

Anche in questo caso, l'accoglienza degli Stati membri è stata tiepida per quel che riguarda la prima parte ponendo l'accento

---

[37] Presentata dalla Commissione il 13 marzo 2001. COM(2001)127. Approvata il 26 novembre 2003. Gazzetta Ufficiale della Comunità Europea n.L 16 del 23 gennaio 2004.
[38] https://eur-lex.europa.eu/legal-content/IT/TXT/PDF/?uri=CELEX:32003L0109&from=IT
[39] https://eur-lex.europa.eu/legal-content/IT/TXT/PDF/?uri=CELEX:52001PC0127&from=IT

sull'aspetto concessivo dello status di lungo soggiornante piuttosto che sul diritto alla sua acquisizione, rivestendo l'acquisizione di detto status, visto il suo carattere permanente, di molte e numerose cautele, riducendo i diritti e le facoltà connesse con tale status, ampliando le possibilità di revoca e di espulsione.

Sulla seconda parte della proposta di Direttiva l'accoglienza è stata ancora più fredda. Sono emerse tutte le preoccupazioni degli Stati membri a consentire un ingresso e un soggiorno automatico nel proprio territorio da parte di cittadini terzi – anche se "garantiti" da un altro Stato membro - senza che essi debbano soggiacere ai controlli e alle condizioni previste per gli Stranieri che entrano per la prima volta nell'Unione. La Direttiva è stata approvata solo perché il "diritto allo stabilimento" in un secondo Stato membro è stato circondato da tali condizioni da renderlo molto più simile ad un primo ingresso.

Anche questa Direttiva non è applicata dalla Danimarca, e, per scelta, anche da Irlanda e Regno Unito.

Le preoccupazioni anzi dette trovano puntuale riscontro fin dal primo articolo della Direttiva che definisce lo scopo della stessa. Lo Status di soggiornante di lungo periodo non è più "attribuito", bensì "concesso" e le "norme secondo cui i titolari dello status di residente di lungo periodo hanno diritto di soggiornare" in altri Stati membri, diventano "le norme sul soggiorno ... in Stati membri diversi da quello in cui hanno ottenuto lo status".

L'incrocio di normative diverse - e, probabilmente, la paura di movimenti incontrollati di popolazione straniera - ha portato, inoltre ad escludere dall'ambito di applicazione la categoria dei rifugiati che, pertanto, si troverà discriminata rispetto a quella dei migranti che hanno conseguito questo particolare status, almeno per la possibilità di trovar lavoro in un diverso Stato membro.

(La questione fu risolta solo anni dopo con la Direttiva 2011/51/EU[40], recepita nel nostro ordinamento con il Decreto legislativo

---

[40] https://eur-lex.europa.eu/legal-content/IT/TXT/PDF/?uri=CELEX:32011L0051&from=IT

13 febbraio 2014, n.12, con la quale anche ai rifugiati fu concesso questo titolo di soggiorno).

La discussione in seno ai gruppi di lavoro del Consiglio ha reso più rigido il limite di cinque anni occorrente per la richiesta dello Status di residente di lungo periodo. La proposta originaria della Commissione, infatti, prevedeva che non fossero presi in considerazione periodi di assenza inferiori a sei mesi consecutivi, anche più volte ripetuti nel quinquennio, nonché assenza dovute ad obblighi di leva, distacco per lavoro, studio, malattia grave, gravidanza e puerperio.

La possibilità che il periodo di cinque anni, considerato il minimo per l'integrazione nella nuova Patria, diventasse solo teorico, il testo approvato (art.4) specifica che, pur rimanendo impregiudicata la possibilità di assenza per un periodo consecutivo inferiore ai sei mesi, l'assenza massima complessiva nel quinquennio non deve superare i dieci mesi. La giustificazione di eventuali ulteriori assenze viene lasciata alla discrezionalità della normativa nazionale degli Stati membri.

Anche le condizioni materiali e personali per l'ottenimento dello status in argomento sono state rafforzate. Alle risorse economiche e all'assicurazione contro le malattie, nell'art. 5 è stato aggiunto, come per la Direttiva sul ricongiungimento familiare, il superamento delle condizioni di integrazione previste dalla normativa nazionale e, nell'art. 7, la prova del possesso di un alloggio adeguato. Del pari le cause ostative personali, originariamente legate alla "minaccia attuale per l'ordine pubblico" e non connesse "alla mera esistenza di condanne penali", si sono ampliate (art.6), potendo gli Stati membri negare il richiesto status "per ragioni di ordine pubblico o pubblica sicurezza".

La burocrazia degli Stati membri ha ottenuto il suo pedaggio anche in questa direttiva. Il testo originario prevedeva l'obbligo della decisione sulla domanda entro sei mesi. Se la domanda risultava incompleta, lo Stato era tenuto a concedere una proroga, sospendendo il termine semestrale che ricominciava a decorrere alla presentazione della documentazione complementare richiesta. L'atteggiamento di favore verso il cittadino straniero è totalmente scomparso nel testo definitivo. L'art. 7, infatti, nulla prescrive in caso di domanda incompleta, prevedendo però una proroga, di durata indeterminata, del termine per la decisione in caso di domanda complessa.

Il progetto della Commissione era quello della creazione di un sistema asimmetrico nella concessione e revoca dello status in argomento, dato il suo carattere permanente. Una volta attribuito (o concesso), per la sua revoca era necessario il sopraggiungere di cause diverse e più gravi del semplice venir meno dei requisiti occorrenti per il suo acquisto. Infatti il testo originario prevedeva la revoca dello status solo per l'evidente disinteresse dello straniero manifestatosi con un'assenza dal territorio per due anni consecutivi, per la constatazione dell'acquisto fraudolento dello status, per l'acquisto del corrispondente status in un altro Stato membro o, infine, per l'adozione di un provvedimento di espulsione nei particolarissimi casi previsti.

Il testo definitivo ha introdotto nell'art. 9 il principio di specularità nell'attribuzione e nella revoca dello status che perde, così, il suo carattere di permanenza. Infatti gli Stati membri possono stabilire che il soggiornante di lungo periodo non abbia più diritto a tale status se costituisce una minaccia per l'ordine pubblico in considerazione della gravità dei reati dallo stesso perpetrati, non così gravi, comunque, da rientrare nei casi in cui è possibile l'espulsione.

A mo' di parziale compensazione, il medesimo articolo introduce l'obbligo, per gli Stati membri, di prevedere una procedura semplificata per il riacquisto dello status di residente di lungo periodo da parte dello straniero che l'abbia perso in caso di assenza.

Le disposizioni che hanno fino all'ultimo momento costituito materia di dibattito fra gli Stati membri sono quelle che danno contenuto effettivo allo Status di residente di lungo periodo, ossia la parità di trattamento con il cittadino (art. 11 del testo definitivo).

Le divergenze fra gli Stati membri e fra essi e la Commissione possono essere viste sotto un duplice profilo. Il primo riguarda la riottosità, specialmente per gli Stati con un'alta soglia di assistenza e previdenza sociale, magari raggiunta mediante un ferreo sistema di imposizione fiscale, ad estendere tali garanzie allo straniero dopo soli cinque anni di residenza. Il secondo aspetto è meramente terminologico. Parole come prestazioni sociali, protezione sociale, formazione professionale, assistenza sociale o beni e servizi a disposizione del pubblico non hanno un significato univoco negli allora quindici Stati membri oppure identificano servizi di ampiezza ben diversa.

La discussione sulla parità di trattamento, insieme a quella relativa ai "diritti" da riconoscere ai residenti di lungo periodo in secondo Stato membro, stavano per far cadere la trattativa. Per riuscire a trovare un punto di compromesso, si preferì lasciare regolamentazione dei settori ove viene garantita la parità di trattamento con i cittadini in una formulazione molto simile a quella ipotizzata dalla Commissione, ma apponendovi le solite clausole limitative, la cui applicazione viene lasciata alla discrezionalità delle normative nazionali.

La parità di trattamento in materia di protezione sociale e assistenza sociale potrà essere limitata "alle prestazioni essenziali"; la libertà di associazione potrà essere limitata per ragioni di ordine pubblico come la libertà di circolazione potrà subire limitazioni per ragioni di sicurezza; la parità di trattamento riguardo l'istruzione, la formazione professionale, l'assistenza sociale, le agevolazioni fiscali, l'edilizia residenziale pubblica o la libertà di associazione potrà essere subordinata all'effettività della residenza dello straniero nel territorio dello Stato membro. L'accesso al lavoro potrà essere subordinato all'inesistenza di concorrenti cittadini o cittadini dell'Unione; la parità di accesso all'istruzione potrà essere subordinata al possesso di adeguate conoscenze linguistiche, così come l'accesso all'università all'adempimento di "specifiche condizioni riguardanti la formazione scolastica".

Probabilmente il mutato clima internazionale ha fatto sì che anche la possibilità di espellere il cittadino straniero titolare dello status di residente di lungo periodo sia divenuta meno improbabile. Per l'articolo 12 del testo approvato è sufficiente che lo straniero costituisca una minaccia effettiva e sufficientemente grave per l'ordine e la sicurezza pubblica essendo venuta meno l'altra condizione della "lesione di uno degli interessi fondamentali della collettività".

Si è già detto della scarsa propensione degli Stati membri a riconoscere la pienezza del diritto del residente di lungo periodo a stabilirsi in un diverso Paese senza sottostare alle procedure previste per l'ingresso ed il soggiorno. Anche l'enunciazione del principio contenuta nell'art. 14 ne ha risentito: l'originario "può esercitare il diritto di soggiorno" è diventato "acquisisce il diritto di soggiornare ... purché siano soddisfatte le condizioni...". E le condizioni per il soggiorno in un secondo Stato membro sono, nel testo definitivo, molto più simili a quelle previste per il primo ingresso, mentre quelle previste nel testo originario erano molto più simili a quelle previste per i cittadini comunitari.

Con la consueta tecnica di lasciare l'enunciazione del principio, ma circondandola poi di tali e tante cautele da pervenire ad una quasi vanificazione del principio stesso, l'art. 14 della Direttiva approvata mantiene le originarie tre condizioni per esercitare il diritto di soggiorno in un secondo Stato membro: svolgere attività lavorativa, frequentare corsi di studio avendo un reddito sufficiente e assicurazione adeguata oppure disporre di un reddito sufficiente e di assicurazione adeguata in modo di non essere un onere per lo Stato ospitante.

Le limitazioni, specialmente per la categoria dei lavoratori, iniziano subito: innanzitutto scompare l'esplicita permanenza del diritto in caso di incapacità temporanea al lavoro dovuta a malattia o a infortunio o a disoccupazione involontaria.

Gli Stati membri (art.14) possono riservarsi di valutare la situazione interna del mercato del lavoro per la posizione lavorativa richiesta e applicare le procedure nazionali relative alla copertura di un posto vacante, nonché dare la precedenza ai cittadini dell'Unione o ad altri stranieri regolarmente soggiornanti che ricevono un sussidio di disoccupazione. Inoltre gli Stati membri che già adottano un sistema di quote per l'ingresso di lavoratori possono limitare il numero totale di persone che possono rivendicare il diritto di soggiorno.

Oltre allo studente e a chi vuole soggiornare per altro motivo, anche chi ha un lavoro (art.15) deve dimostrare di possedere risorse sufficienti al suo mantenimento e inoltre, in caso di attività economica autonoma, di avere i mezzi idonei al suo svolgimento. Gli Stati membri sono, inoltre, liberi di stabilire, per ognuna delle tre categorie, una soglia diversa di risorse sotto la quale il soggiorno può essere negato.

Anche per il soggiorno nel secondo Stato membro può essere richiesto il superamento di condizioni di integrazione e di conoscenza della lingua.

Infine, anche le condizioni relative all'ordine e la sicurezza pubblica sono state rafforzate (art. 17). Non c'è più bisogno che il richiedente sia "una minaccia attuale" ed è stato depennato il divieto di motivare il diniego del soggiorno con la sola esistenza di condanne penali.

Per il contenuto del diritto al soggiorno nel secondo Stato membro, dopo le infinite discussioni già citate, si è preferito far riferimento alla già citata disposizione (art. 11) relativa ai diritti del residente di lungo periodo nel primo Stato membro, ma anche qui con alcune limitazioni. L'art 21, infatti, prevede che gli Stati membri possano limitare, per un anno, cambi di attività lavorativa dello straniero.

Gli Stati membri (art.22) possono revocare il permesso di soggiorno quando le condizioni per il suo rilascio non sono più verificate, in pratica per gli stessi motivi per i quali si può revocare il permesso di soggiorno ad uno straniero al suo primo ingresso nell'Unione.

Una certa diversità di trattamento si nota, invece, proprio nelle conseguenze della revoca del permesso di soggiorno da parte del secondo Stato membro (art. 22). Il primo Stato membro, quello che aveva concesso allo straniero lo status di residente di lungo periodo e che ha assunto nei confronti del secondo Stato membro una funzione di "garante" è tenuto a riammettere senza condizioni lo straniero nel proprio territorio ove esso gode di una tutela rafforzata. Nel caso di fatto grave che comporta l'espulsione dall'Unione, il primo Stato membro è tenuto alla riammissione solo nel caso che il secondo Stato membro non riesca ad eseguire l'espulsione.

L'obbligo della riammissione permane fintantoché lo straniero, nei modi consueti, non ha acquistato lo status di residente di lungo periodo anche nel secondo Stato membro o, comunque, dopo sei anni di permanenza in un altro Stato membro.

La Direttiva fu recepita nel nostro ordinamento con il Decreto legislativo 8 gennaio 2007, n.3.

Direttiva del Consiglio recante norme sull'attribuzione a cittadini di Paesi terzi ed apolidi della qualifica di rifugiato o di persona altrimenti bisognosa di protezione internazionale nonché norme minime sul contenuto dello status di protezione. (2004/83/CE del 29 aprile 2004).

Dopo uno stallo nei negoziati, durato quasi nove mesi, il Consiglio dei Ministri Affari interni e giustizia nel mese di marzo 2004 ha raggiunto un accordo politico sul testo della Direttiva[41], la 2004/83/CE[42], approvandola, poi, formalmente nella riunione del 29 aprile 2004, spinto forse dalla scadenza del periodo quinquennale previsto dal Trattato.

Il lungo stallo nei negoziati è derivato dalla strenua opposizione tedesca all'equiparazione del trattamento del beneficiario della protezione sussidiaria a quello previsto per il rifugiato.

Per comprendere la posizione tedesca è necessario illustrare il progetto che la Commissione europea ha inteso perseguire con l'elaborazione di questa Direttiva.

Essa parte da presupposto che la Convenzione di Ginevra sullo status di rifugiato – che pur ratificata da tutti gli Stati membri non è uno strumento comunitario - non esaurisce tutte i casi nei quali la persona minacciata può chiedere la protezione di uno Stato membro. Accanto alle fattispecie coperte dalla Convenzione di Ginevra esiste la cosiddetta protezione sussidiaria che viene accordata quando il richiedente non possiede i requisiti per il riconoscimento dello status di rifugiato, ma purtuttavia, in applicazione del principio del *non refoulement*, non può essere rinviato nel Paese di origine in quanto "teme la tortura o altra forma di pena o trattamento inumano o degradante" oppure teme "la violazione di uno dei diritti umani sufficientemente grave da far sorgere la responsabilità internazionale dello Stato membro" oppure teme "la

---

[41] Presentata dalla Commissione il 12 settembre 2001; COM(2001)510, in Gazzetta Ufficiale dell'Unione europea C 051 E del 26 febbraio 2002.
[42] https://eur-lex.europa.eu/legal-content/IT/TXT/PDF/?uri=CELEX:32004L0083&from=ES

minaccia alla vita, alla sicurezza o alla libertà derivante da violenza indiscriminata perpetrata in situazioni di conflitto armato o da violazioni sistematiche o generalizzate dei diritti dell'uomo".

Insieme alla definizione della nuova fattispecie della protezione sussidiaria, il progetto della Commissione definisce – dando loro un crisma comunitario - le possibilità di riconoscimento dello status di rifugiato previsto dalla Convenzione di Ginevra estendendo la protezione anche a chi inizia a temere la persecuzione dopo aver lasciato il Paese di origine (cd. *rifugiati sur place*) e a chi è perseguitato non dallo Stato bensì da organizzazioni alle quali lo Stato non riesce o non vuole opporsi.

Lo status di rifugiato è complementare a quello di beneficiario di protezione sussidiaria ed, insieme, formano la categoria più vasta della protezione internazionale, oggetto della proposta di Direttiva.

Dopo aver esaurito il tema delle definizioni, il testo presentato dalla Commissione indica, poi, il contenuto concreto della protezione internazionale, prescrivendo quali forme di assistenza e protezione sociale (lavoro, alloggio, cure mediche, istruzione, etc.) gli Stati membri devono assicurare ai beneficiari di tale forma di protezione, distinguendo fra rifugiati e beneficiari di protezione sussidiaria solo per piccoli dettagli, quali, per questi ultimi, un ritardo nell'accesso al lavoro o una durata ridotta del primo permesso di soggiorno.

Dalla lettura del progetto della Commissione emerge chiaramente l'intenzione di parificare, nel trattamento, le due categorie di protetti.

Nell'affrontare tale progetto gli Stati membri hanno seguito un approccio pragmatico cercando sia di ridurre la casistica delle persecuzioni per la concessione dello status di rifugiato (art.11), sia di ampliare la sfera dei doveri del richiedente asilo (art.17).

Per quel che riguarda la protezione sussidiaria il suo ambito è stato ridotto ai pericoli conseguenti alla pena di morte, alla tortura o trattamenti inumani o degradanti oppure "serie ed individuali" minacce per ragioni di violenza indiscriminata in situazioni di conflitto armato (art. 15) ed è stato chiarito, nel preambolo, che la situazione di persone ammesse a rimanere nei territori degli Stati membri sulla base di ragioni puramente umanitarie non inerenti il timore di persecuzione è al di fuori del disposto della Direttiva.

Con tali limitazioni, che oltretutto riducono fortemente il numero dei possibili beneficiari della protezione sussidiaria, è stata raggiunta fra gli Stati membri una ipotesi di accordo sulla prima parte delle proposta di Direttiva (artt. 1 - 20) che tratta, appunto, dell'attribuzione della qualifica di rifugiato o di persona bisognosa di protezione sussidiaria.

Il punto di disaccordo è stato a lungo il contenuto della protezione internazionale e, in particolare, quello della protezione sussidiaria.

Da una parte la Commissione e la maggioranza degli Stati membri, Paesi nordici in testa, disposti, anche per motivi pratici, a limitare la differenza fra i benefici concessi, nell'ambito della protezione internazionale, ai rifugiati e alle persone bisognose di protezione sussidiaria. Dall'altra parte la Germania, talvolta sostenuta dall'Austria, fortemente determinata ad ampliare la forbice dei benefici connessi alle due forme diverse di protezione.

Le motivazioni addotte dalla Germania, oltre a quelle di natura economica, erano connesse al timore che un supporto molto pregnante ai titolari di protezione sussidiaria possa costituire un incentivo al radicamento nello Stato membro per una categoria di persone che, al contrario, dovrebbe essere incentivata al rientro nel Paese di origine non appena rimosse le cause contingenti che hanno determinato il pericolo.

Le principali divergenze si sono registrate in tema di diritto all'unità familiare (art. 21) e di accesso al lavoro (art. 24) che la Germania intendeva riservare ai soli rifugiati, di accesso all'assistenza sociale (art. 26), di accesso alle cure mediche (art.27) di accesso alle facilitazioni per l'integrazione (art.31) che la Germania voleva limitare a quelle essenziali previste per i richiedenti asilo, mentre gli Altri Stati membri sono d'accordo per l'equiparazione con i cittadini. La questione fu portata, senza successo, ai ministri GAI nel giugno 2003.

Poi, nella primavera del 2004, la Germania offre un compromesso che, in massima parte è stato accettato dai partner, portando la Direttiva all'approvazione.

Tale compromesso si sostanzia in alcune "precisazioni" sugli articoli contestati.

Così il diritto al ricongiungimento familiare (art. 21) viene diluito in "Gli Stati membri provvedono a che possa preservata l'unità del nucleo familiare"[43] e nella previsione che i familiari del beneficiario dello status di rifugiato o di protezione sussidiaria possano esser ammessi a benefici quali il permesso di soggiorno, l'accesso all'occupazione, all'istruzione, all'assistenza sociale, all'assistenza sanitaria, all'alloggio, alla libera circolazione all'interno dello Stato membro (artt. 22 – 32) "in conformità delle procedure nazionali e nella misura in cui ciò sia compatibile con lo status giuridico personale del familiare".

Due previsioni di segno opposto sono state aggiunte al preambolo. La prima indica che la semplice reazione dei familiari con il rifugiato potrebbe costituire la base per beneficiare del medesimo status; la seconda indica che i benefici offerti ai familiari dei beneficiari di protezione sussidiaria non devono essere necessariamente gli stessi previsti per il beneficiario dello status stesso.

Per quanto riguarda l'accesso al lavoro (art. 24), mentre per i rifugiati questo è libero "non appena sia riconosciuto il loro status", per i titolari di protezione sussidiaria l'accesso al mercato del lavoro potrà essere subordinato alla precedenza da accordare ad altre categorie di lavoratori.

Infine, le prestazioni in materia di assistenza sociale (art. 26) e di assistenza sanitaria (art.27) possono essere limitate a "quelle essenziali".

Come può agevolmente notarsi, la forbice delle prestazioni dei beneficiari di protezione temporanea rispetto a quelle erogate ai rifugiati permane aperta.

La Direttiva fu recepita nel nostro ordinamento con il Decreto legislativo 19 novembre 2007, n. 251

---

[43] E' da notare, però, che l'art. 4 della Direttiva sul ricongiungimento familiare che impone agli Stati membri di consentire il ricongiungimento familiare del coniuge e dei figli minorenni, si applica anche ai rifugiati per il disposte dell'art. 10 della medesima direttiva.

Nel 2011, proprio per diminuire la forbice fra rifugiati e titolari di status di protezione sussidiaria, Il Consiglio approvò la Direttiva 2011/95/EU[44] che sancì la completa equiparazione del trattamento fra le due categorie. Tale ultima Direttiva fu recepita nel nostro ordinamento con il Decreto legislativo 21 febbraio 2014 n. 18.

Purtroppo, secondo il mio parere, dall'approvazione di questa Direttiva cominciarono i guai per l'Europa che diedero origine alla calda, tumultuosa estate del 2015 (vedi infra). Forse un passo più lungo della gamba. Sta di fatto che, per colpa, o per merito, di questa Direttiva molte persone che arrivavano in Europa spinte dalla fame, diventano, come per incanto, persone meritevoli di protezione internazionale.

Purtroppo, anche se la fame è un ottimo motivo per andar via dal proprio Paese per cercare una vita migliore, la protezione per fame non è ancora scritta nelle norme EU, ma questa Direttiva cerca di farlo, in modo poco chiaro e confuso, svicolando fra i veti degli Stati membri. Sarebbe stato più onesto proporre, fra le cause che danno luogo a protezione, la fuga non solo da stati di guerra generalizzati, bensì dalla fame.

---

[44] https://eur-lex.europa.eu/legal-content/IT/TXT/PDF/?uri=CELEX:32011L0095&from=IT

Direttiva del Consiglio recante norme minime comuni per le procedure applicate dagli Stati membri ai fini del riconoscimento e della revoca dello status di rifugiato. (2005/85/CE del 1/12/2005).

La Direttiva sulle procedure per il riconoscimento e la revoca dello status di rifugiato (più comunemente conosciuta come Direttiva procedure, la 2005/85/CE)[45] fu presentata dalla Commissione nel 2001[46] [Proposta Commissione COM(2002)326][47] ed è stata senz'altro la più ostica e di difficile negoziazione fra quelle incluse nel pacchetto immigrazione-asilo.

Solo l'approssimarsi della scadenza del periodo quinquennale previsto dal Trattato ha fatto compiere ai quindici partner uno sforzo che ha condotto al raggiungimento di un accordo politico sul testo della direttiva nel Consiglio GAI del 29 aprile 2004.

Ma il testo sul quale si è faticosamente raggiunto l'accordo è un testo ben diverso da quello proposto a suo tempo dalla Commissione e più che un testo che armonizza le procedure degli Stati membri, è divenuto una check list di cause per escludere il richiedente asilo dalla procedura ovvero di diminuirne di molto le garanzie conseguenti.

Proprio per questa sostanziale difformità il testo della Direttiva fu sottoposto nuovamente al parere del Parlamento europeo.

Per comprendere le difficoltà incontrate nella negoziazione occorre – come al solito – riandare all'originario progetto della Commissione che, in questa proposta, probabilmente, ha commesso un errore di valutazione.

---

[45] https://eur-lex.europa.eu/LexUriServ/LexUriServ.do?uri=OJ:L:2005:326:0013:0034:IT:PDF
[46]COM(2000)578 in Gazzetta Ufficiale dell'Unione Europea *C 62 E del 27/02/2001*

[47] https://eur-lex.europa.eu/legal-content/IT/TXT/PDF/?uri=CELEX:52000PC0578&qid=1562589403265&from=IT

Infatti la proposta elaborata dalla Commissione non si limita a porre una serie di norme minime da rispettare, bensì prefigura già una procedura unica per gli Stati membri, sia pur temperata da eccezioni onde adattarla ai diversi ordinamenti nazionali.

E proprio la diversità dei sistemi procedurali adottati dagli Stati membri hanno costituito l'ostacolo più serio nella discussione.

Ogni Stato membro è uno Stato di diritto ed in ognuno di esso le procedure adottate per l'esame di una domanda di asilo e per i successivi gravami seguono strade diverse pur giungendo tutte al medesimo risultato giuridicamente accettabile.

A ciò si deve aggiungere che le procedure nazionali per l'esame di una domanda di asilo e, soprattutto, per i successivi appelli seguono i medesimi canoni delle procedure amministrative e giudiziarie adottate per i cittadini e non possono essere sconvolte senza danno per queste ultime.

La difficoltà della negoziazione è stata ulteriormente accentuata dalla tendenza degli Stati membri a considerare questa direttiva anche come uno strumento per definire i casi di domande di asilo strumentali e la relativa possibilità di restringerne le garanzie.

La prima discussione della proposta di direttiva non ebbe molta fortuna, tantoché il Consiglio Europeo di Laeken del dicembre 2001[48] diede mandato alla Commissione di riscrivere la proposta di direttiva. Le indicazioni date alla Commissione, stante l'esigenza del contemperamento di interessi divergenti, non furono univoche. Venne, per esempio, data l'indicazione di mantenere la distinzione fra procedura ordinaria ed accelerata (per le domanda la cui strumentalità appare evidente) ma senza indicarne differenze contenutistiche o procedurali, salvo una (evidente) minor durata per quest'ultima; per quanto riguarda l'eventuale effetto sospensivo del ricorso le indicazioni si limitarono a "lasciare aperta" la questione per le procedure ordinarie e all'auspicio che, nella procedura accelerata, i ricorsi "non dovrebbero" avere un effetto sospensivo automatico. Solo per i gradi di giudizio le indicazioni del Consiglio di Laeken furono chiare: tre gradi per le

---

[48] https://www.consilium.europa.eu/media/20947/68836.pdf

procedure ordinarie e almeno due per quelle accelerate. Almeno un grado di appello avrebbe dovuto avere carattere giurisdizionale.

La proposta modificata – dopo alcune riunioni con i rappresentanti degli Stati membri di cui non fu tenuto molto conto - fu presentata dalla Commissione il 18 giugno 2002[49]; l'iter di discussione iniziò presso il Gruppo Asilo nel gennaio 2003. [Proposta Commissione COM(2002)326][50]

La struttura della proposta modificata rimane identica a quella originaria con le definizioni e le norme di garanzia nei primi due capitoli e le procedure di primo grado e di ricorso nei successivi due capitoli.

La discussione dei primi due capitoli, sotto presidenza greca, portò ad una semplificazione limitando il testo alla enunciazione delle garanzie sull'accesso alle procedure (art. 5), sul colloquio personale (art. 10), sull'assistenza legale (art. 13).

I problemi relativi al trattenimento del richiedente asilo, previsto solo in determinati casi, furono risolti limitando l'art. 17 all'enunciazione del principio del non trattenimento per il solo fatto della presentazione della domanda e del controllo giudiziario sul trattenimento, quando disposto.

A fronte della conservazione dell'articolo 9 che prevede tutta una serie di garanzie per il richiedente asilo, fu introdotto l'articolo 9A che ne prevede i relativi obblighi.

Il Consiglio GAI del giugno 2003 prese atto dello stato dei lavori.

Sulla seconda parte, che contempla più specificamente le procedure e le garanzie loro applicabili, la negoziazione si è fece particolarmente difficile.

---

[49] COM(2002)326 su Gazzetta Ufficiale dell'Unione europea C 291 E del 26 novembre 2002.
[50] https://eur-lex.europa.eu/legal-content/IT/TXT/PDF/?uri=CELEX:52002PC0326&qid=1562589684249&from=IT

Il progetto della Commissione, anche nella riscrittura avvenuta dopo le indicazioni del Vertice di Laeken, era quello di distinguere due tipi di procedure, una "accelerata" per i casi di più semplice definizione ed una "ordinaria" per gli altri casi.

Tale distinzione – a differenza della prima proposta – era, però, priva di significato, salvo che per il termine, fissato in tre mesi. Infatti, accanto ad elementi oggettivi di strumentalità della domanda (provenienza da Paesi sicuri, evidenza di false generalità, domanda di asilo presentata dopo un provvedimento di espulsione), la Commissione ha aggiunto cause difficilmente rinvenibili se non a procedura iniziata e/o che attengono alla condotta personale del richiedente asilo (omissione di informazioni pertinenti, inadempienza degli obblighi del richiedente asilo) senza prevedere né chi scelga, in ogni fattispecie, quale procedura iniziare, né i rapporti fra le due procedure nel caso che cause di esame con procedura accelerata si rivelino durante o dopo una procedura ordinaria.

A tal punto della discussione si rivelò, però, il gran favore degli Stati membri per la procedura "accelerata".

Ma detto favore per esaminare le domande di asilo con la "procedura accelerata" e, soprattutto, per mantenere ferma la possibilità del trasferimento del richiedente asilo dalla procedura normale a quella accelerata deve ricondursi alla non già alla differenza delle due procedure, assolutamente indistinte nella proposta di direttiva, bensì alla profonda differenza delle conseguenze del diniego del riconoscimento dello status di rifugiato in seguito alla procedura ordinaria ed a quella accelerata. Se alla bocciatura della domanda di asilo in procedura ordinaria segue – salvo i casi di ordine pubblico – la possibilità della permanenza sul territorio nazionale durante la procedura di appello, gli Stati membri, possono, dopo la bocciatura della domanda in procedura accelerata, disporre l'allontanamento del richiedente asilo dal territorio nazionale anche in costanza di appello, a meno che un giudice non ritenga di autorizzare tale permanenza.

In sintesi, conseguenze non correlate ad una effettiva differenza nella situazione personale del richiedente asilo, bensì alla sua sottoposizione ad una o all'altra procedura.

Per ovviare alla situazione sopradescritta che rischiava di metter in stallo la negoziazione, la presidenza italiana propose la soluzione, accettata dagli altri Stati membri, intesa ad abolire la distinzione formale delle due procedure con la previsione di un'unica procedura di esame, lasciando agli Stati membri la possibilità di accelerare le procedure nazionali nei casi e nel momento in cui l'istanza dovesse apparire inammissibile o pretestuosa, secondo termini e modalità stabiliti dai medesimi Stati membri e a legare la conseguenza della non sospensività dell'appello, non più all'esito di una procedura, bensì alle motivazioni del diniego conseguenti all'inammissibilità, o al comportamento negativo del richiedente aggiunto alla carenza di motivazioni.

Accettata la proposta, gli Stati membri hanno preteso però un lunghissimo elenco di cause di passaggio alla procedura accelerata al fine di "coprire con l'ombrello della norma comunitaria" tali norme derogatorie in modo da poterle opporre come deroga europea e non nazionale nei futuri giudizi di contenzioso sulle domande di asilo sia davanti ai tribunali nazionali sia davanti alla Corte di Giustizia europea.

Un altro aspetto della proposta di direttiva stravolto dal testo approvato è quello dei Paesi di origine sicuri e dei Paesi terzi sicuri.

Nel progetto della Commissione gli Stati membri – sempre nel rispetto delle garanzie procedurali stabilite dalla Direttiva stessa – potevano respingere come domande inammissibili quelle presentate da richiedenti asilo provenienti da un Paese terzo sicuro e come manifestamente infondate quelle di richiedenti asilo provenienti da Paesi di origine sicuro.

Gli Stati membri potevano stabilire con legge una lista di Paesi di origine sicuri e/o di Paesi terzi sicuri solo se tali Paesi rispondevano ai dettagliati criteri inclusi in due allegati alla Direttiva intesi a stabilire le garanzie di rispetto delle Convenzioni internazionali sui diritti umani e sui rifugiati che permettevano il rinvio senza rischi in detti Paesi dei richiedenti asilo.

Nel testo approvato – oltre ad una palese commistione fra inammissibilità ed infondatezza delle clausole di esclusione (art. 23(3)(c)) – la provenienza da un Paese terzo sicuro è considerata (art.25) una causa di irricevibilità della domanda ed, anzi, per il medesimo art. 25 "Gli Stati membri non sono tenuti ad esaminare se al richiedente sia attribuibile la qualifica di rifugiato qualora la domanda sia irricevibile". Ed irricevibile è la domanda presentata da un richiedente asilo proveniente da un paese terzo sicuro.

Quindi, almeno stando alla lettura della norma, una domanda presentata da un richiedente asilo proveniente da un Paese terzo sicuro potrà non essere posta neppure in procedura, con il conseguente decadimento delle garanzie.

Tale tesi è avvalorata dal successivo art. 27 che dispone che "Gli Stati membri possono applicare il concetto di Stato terzo sicuro solo se le Autorità competenti (non solo, quindi, la "determining authority", ossia l'autorità deputata alla conduzione della nomale procedura) hanno accertato che la persona richiedente asilo" una volta rinviato nel Paese terzo riceverà un trattamento non preclusivo delle libertà personali. Di conseguenza scompare l'allegato alla Direttiva che precisa le caratteristiche che un Paese terzo deve possedere per essere considerato sicuro.

Per quel che riguarda i Paesi di origine sicuri – nel testo approvato – il Consiglio dell'Unione europea potrà stilare una lista minima comune obbligatoria di tali Paesi (art.30) che rispondono ai criteri descritti in un allegato (molto più "diluito" di quello originale) ma ogni singolo Stato membro potrà mantenere (è il caso del Regno Unito) una lista più ampia di Paesi di origine sicuri, svincolata dai criteri del citato allegato purché in essi non si verifichino casi di persecuzione o di tortura, ovvero designare come paesi di origine sicuri solo porzioni di Stati oppure designare come sicuri Paesi solo per particolari categorie di richiedenti asilo.

Un alto tema della proposta di Direttiva che ha suscitato accese discussioni è stato quello relativo agli appelli conseguenti ad una decisione negativa in prima istanza.

La proposta di Direttiva, così come riformulata dalla Commissione ed in difformità alle indicazioni di Laeken, non prevedeva il numero di gradi di giudizio di appello che devono essere riconosciuti al richiedente che si è visto rifiutare il riconoscimento dello status di rifugiato davanti all'autorità accertante.

Essa si limita ad affermare (art. 38) il principio del diritto ad un "effettivo rimedio" davanti ad un "giudice" (Court or tribunal, i.e. Judicial body).

La decisione della Commissione di prevedere il diritto ad un rimedio effettivo davanti ad un giudice si basa sulla giurisprudenza della Corte europea dei diritti dell'Uomo e della Corte di Giustizia europea.

Infatti, all'inizio del 2002 è intervenuta una decisione della Corte Europea[51] dei diritti dell'uomo[52] che sancisce (paragrafo 75 della decisione) che il rimedio giuridico, ai sensi dell'articolo 13 della Convenzione Europea per la salvaguardia dell'Uomo e delle libertà fondamentali[53], deve essere efficace di fatto e di diritto e che (paragrafo 79) il concetto di rimedio giuridico efficace implica che il ricorso deve impedire l'esecuzione di misure contrarie alla Convenzione e i cui effetti siano potenzialmente irreversibili. Le condizioni poste dall'articolo 13 - prosegue la decisione al paragrafo 83 - assumono la forma di una garanzia e non di una mera dichiarazione di intenti o di un accordo pratico.

Tale decisione è fondata anche sull'art. 47 della Carta dei diritti fondamentali dell'Unione Europea che sancisce il diritto ad un effettivo ricorso e ad un giudice indipendente ed imparziale[54], e su alcune

---

[51] http://www.dirittiuomo.it/il-belgio

[52] Decisione 5 febbraio 2002, Caso Conka c/ Belgio. Ricorso n. 51564/99.

[53] "Articolo 13: diritto ad un ricorso effettivo. Ogni persona i cui diritti e le cui libertà riconosciuti nella presente Convenzione siano stati violati, ha diritto ad un ricorso effettivo davanti ad una Autorità nazionale, anche quando la violazione sia stata commessa da persone che agiscono nell'esercizio delle loro funzioni ufficiali".

[54] Articolo 47: Diritto a un ricorso effettivo e a un giudice imparziale. Ogni individuo i cui diritti e le cui libertà garantiti dal diritto dell'Unione siano stati violati ha diritto a un ricorso effettivo dinanzi a un giudice, nel rispetto delle condizioni previste nel presente articolo. Ogni individuo ha diritto a che la sua causa sia esaminata equamente, pubblicamente e entro un termine ragionevole da un giudice indipendente e imparziale, precostituito per legge. Ogni individuo ha la facoltà di farsi consigliare, difendere e rappresentare. A coloro che non dispongono di mezzi sufficienti è concesso il patrocinio a spese dello Stato qualora ciò sia necessario per assicurare un accesso effettivo alla giustizia.

decisioni della Corte di Giustizia Europea[55] che sanciscono l'obbligatorietà di un effettivo rimedio giudiziario quando vengono messi in discussione diritti fondamentali.

Il Servizio giuridico del Consiglio si è espresso su tale questione con un parere che conferma che il diritto comunitario esige che il rimedio previsto contro il diniego del riconoscimento dello status di rifugiato previsto nella proposta di direttiva deve essere un ricorso davanti ad una giurisdizione ai sensi della giurisprudenza della Corte di Giustizia relativa all'art. 234 del Trattato.

Tale soluzione è, però, difficilmente accettabile da quegli Stati membri che prevedono una procedura tutta amministrativa per i ricorsi o che prevedono un intervento del giudice solo su questioni di legittimità.

Oltre alla questione dell'organo decidente, nel corso del negoziato è sorto anche il problema dell'effetto sospensivo dell'appello.

Le richiamate decisioni giurisprudenziali hanno fatto sì che la Commissione, nella riscrittura della proposta di Direttiva, che pur prevede casi nei quali il ricorso non produce effetti sospensivi sull'espulsione, si sia trovata nella necessità di assicurare comunque un controllo del giudice sull'allontanamento del richiedente asilo in pendenza di ricorso.

La costruzione della Commissione prevede, però, il principio generale della sospensività dell'appello e solo in via derogatoria la possibilità di effettuare l'espulsione in presenza di appello sotto il controllo di un giudice.

Ciò ha provocato la decisa opposizione di quei Paesi, come la Spagna, che hanno nel dettato costituzionale il principio della legalità delle decisioni amministrative e solo in via derivata la possibilità per un giudice di sospendere l'effettività della decisione amministrativa.

---

[55] Causa 222/84, Johnston v./Chief Constable of the Royal Ulster Constabulary e Causa 222/86, Unectef v./ Heylens.

Nel testo approvato, molto pragmaticamente, il Consiglio ha risolto la questione precisando all'art. 38 a favore del richiedente asilo che si è visto negare il riconoscimento durante la procedura il "diritto ad un rimedio effettivo" davanti ad un giudice ed aggiungendo al Preambolo della Direttiva un una considerazione secondo la quale "l'effettività del rimedio – anche per quanto concerne l'esame degli elementi pertinenti, dipende dal sistema amministrativo e giudiziario di ciascuno Stato membro considerato nel suo complesso".

Sulla dibattuta questione dell'effetto sospensivo dell'appello, il medesimo art.38 dispone che "Gli Stati membri prevedono, se del caso, norme conformi ai loro obblighi internazionali intese a determinare se il rimedio ... produce l'effetto di consentire ai richiedenti di rimanere nello Stato membro interessato in attesa del relativo esito e a prevedere la possibilità di un rimedio giuridico o misure protettive qualora il rimedio [effettivo] non produca l'effetto di consentire ai richiedenti di rimanere nello Stato membro interessato in attesa del relativo esito. Gli Stati membri possono anche prevedere un rimedio d'ufficio.".

A quanto sopra descritto si aggiungono altre "perle", quali la possibilità per gli Stati membri che l'abbiano nel proprio ordinamento (è il caso della Germania), di mantenere una "non procedura" secondo la quale è possibile non porre in procedura domande di asilo presentate da richiedenti entrati illegalmente nel territorio e di respingerli direttamente verso "paesi terzi sicuri", almeno fino a quando il Consiglio non avrà elaborato una lista comune di questa particolare specie di Paesi terzi sicuri (art. 35A).

Oppure la possibilità, sempre richiesta ed ottenuta dalla Germania, di assoggettare alla particolare procedura delle domande ripetute i casi di richiedenti asilo che presentino tardi una domanda e, per negligenza si rechino in ritardo in un centro di accoglienza o non si presentino dinanzi ad una autorità competente (art. 33A). Disposizione di ben difficile applicazione visto che in tale ultimo caso non esiste una domanda ripetuta.

Una Direttiva alquanto difforme dal testo della Commissione, come si è visto, e di difficile recepimento da parte degli Stati membri che costituirà, inoltre, parecchio lavoro per la Corte di Giustizia.

La Direttiva fu recepita in Italia con Decreto legislativo 20 gennaio 2008, n. 25.

Per ovviare ai numerosi problemi sorti con l'applicazione della Direttiva il Consiglio, in co-decisione con il Parlamento Europeo, nel 2013, approvò la Direttiva 2013/32/EU[56] che, abrogando la precedente, ne diede una riscrittura più stringente, aumentando le garanzie per i richiedenti protezione, specificando meglio i concetti di Paese di origine sicuro e Paese terzo sicuro e, soprattutto, sancendo l'obbligo degli Stati membri di far rimanere sul loro territorio il ricorrente denegato fino alla conclusione del giudizio di ricorso avanti il giudice, risolvendo così l'impasse della prima versione.

La Direttiva fu recepita nel nostro ordinamento con il Decreto legislativo 18 agosto 2015, n.142.

Attualmente (vedi infra) sui tavoli di Bruxelles langue una nuova versione, sotto il vestito di un Regolamento, per unificare le procedure nei singoli Stati membri.

---

[56] https://eur-lex.europa.eu/legal-content/IT/TXT/PDF/?uri=CELEX:32013L0032&from=it

L'estate dei migranti

L'estate del 2015 è passata da un pezzo e, nella nostra memoria già svaniscono le immagini di quella torrida stagione piena di profughi che affogano, che camminano, che passano fra le barriere di filo spinato lungo chilometri e chilometri di strada per avvicinarsi ad una vita migliore.

Comodamente, davanti alla TV, abbiamo assistito ad un immenso esodo; colonne di migliaia di persone che né il filo spinato, né i manganelli, né la polvere, né la fame son riusciti a fermare. Chi fugge dalla morte e dalla persecuzione non ha paura di qualche manganellata o di qualche centinaio di chilometri a piedi.

E abbiamo assistito anche ad un altro spettacolo, molto pietoso. Gli Stati della Fortezza Europa che non sapevano cosa fare. L'uno scaricava la responsabilità sull'altro. Qui non si passa. Qui si passa, ma non per restare, solo per andare in un altro Stato che vi farà entrare solo per farvi uscire in un altro Stato ancora.

Poveri profughi, ma NIMBY (*not in my backyard*, non nel mio giardino).

E l'Europa, la creatura di De Gasperi, Spinelli e Adenauer? L'Unione orgogliosa di aver abolito le frontiere e di avere una sola moneta?

L'Europa ha balbettato, confusa. A maggio/giugno non è riuscita ad approvare uno spostamento di 40.000 persone in due anni. A settembre, forse perché la Germania ha dato la sveglia, l'Europa ha approvato un pacchetto di misure annunciato così: "L'Europa mostra la sua solidarietà, in due anni alleggeriamo gli Stati più esposti di 190.000 richiedenti asilo [per la cronaca la sola Italia ne riceveva più di 170.000

l'anno] e mandiamo in pensione il Regolamento di Dublino ed il suo principio cardine del "chi ce l'ha [i profughi] se li tiene"."(non è avvenuto).

In questa seconda parte, dopo aver raccontato in quella precedente come l'Europa iniziò ad occuparsi di asilo e migrazione, voglio dimostrare che gli obiettivi perseguiti e da raggiungere sono molto, ma molto più leggeri e limitati. Passerò in esame i provvedimenti approvati cercando di vedere, oltre la propaganda, i limiti e le criticità per gli Stati membri di primo approdo dei migranti.

Nella versione Ebook, tutti i documenti EU sono linkati, in modo da fare di questo libro un ipertesto dove, con un semplice clic, si può andare alla fonte e leggere le disposizioni del documento di cui sto trattando.

Tutto cominciò con gli Ittiti

La migrazione è un elemento essenziale del genere umano. Senza la migrazione, Lucy[57] non sarebbe stata la nostra madre e gli Ittiti[58], nel terzo millennio avanti Cristo, non avrebbero colonizzato l'Anatolia.

Ma se ci mettiamo a ripercorrere tutte le migrazioni del genere umano, scriviamo una Enciclopedia e non arriviamo al punto che ci interessa.

Spostiamo il pallino temporale a qualche anno fa quando tutti possiamo ricordare quel che accadde.

Se nel nostro pianeta esiste un posto qualsiasi dove gli abitanti soffrono per fame o per persecuzioni e vicino a quel posto ce ne è un altro dove gli abitanti hanno la pancia piena e possono dire peste e corna del Governo senza temere ritorsioni, è naturale che gli abitanti del primo posto tendono a trasferirsi nel secondo posto.

Uno degli esempi più vicini a noi è quello che riguarda le guerre nella ex-Yugoslavia[59]. Intorno al 1990 la Yugoslavia creata da Tito[60] si dissolse in una serie di conflitti armati. La conseguenza fu un esodo della popolazione in Germania.

Lo stesso accadde in Albania[61] con l'esodo in Italia.

Più recentemente quella che fu definita la portaerei europea nel Mediterraneo, ossia l'Italia, per la sua vicinanza alle coste del continente africano, sempre soggetto a guerre tribali o a carestie, fu oggetto di afflussi massicci di persone che, nella ricca Europa, volevano costruirsi un avvenire migliore. Sbarchi e sbarchi, un esodo continuo dalle coste

---

[57] https://it.wikipedia.org/wiki/Australopithecus_afarensis#Lucy
[58] https://it.wikipedia.org/wiki/Ittiti
[59] https://it.wikipedia.org/wiki/Guerre_jugoslave
[60] https://it.wikipedia.org/wiki/Josip_Broz_Tito
[61] https://it.wikipedia.org/wiki/Albania

mediterranee dell'Africa all'approdo più vicino, Lampedusa, porta d'Europa.

E fu la primavera araba e fu la dissoluzione della Libia di Gheddafi. I migranti, economici o asilanti a questo punto non fa più differenza, continuano ad affrontare un viaggio pericoloso, poche decine di miglia fra l'inferno e il possibile paradiso, sogno di ogni africano, l'Europa.

Fin dai primissimi anni duemila, inascoltati rappresentanti italiani a Bruxelles disperatamente cercarono di spiegare ai partner europei, specialmente quelli del nord, che un Regolamento europeo che ricalcasse l'impostazione della Convenzione di Dublino[62] non aveva senso. I migranti non avevano alcuna intenzione di fermarsi nello Stato europeo di primo ingresso, ma fortemente ambivano a scegliere lo Stato europeo dove costruirsi la nuova vita in base a legami familiari, parentali, amicali o, forse, in base a reali possibilità lavorative.

Ma gli Stati del Nord erano sì abituati a grandi numeri di migranti, ma rispettosi, che bussavano alla porta della frontiera terrestre con una umile richiesta di asilo, con tutto il tempo per decidere se ammetterli o meno. I nostri partner europei erano poco avvezzi all'assalto dei disperati della Vlora[63] albanese o dei continui sbarchi a Lampedusa.

Finché non accadde. Il 3 ottobre 2013, tanti morirono a Lampedusa nel disperato tentativo[64] di arrivare in Europa, la terra promessa e desiderata.

Tante lacrime furono versate, molti soldi furono stanziati dall'Unione Europea, ma nulla fu fatto per modificare il principio cardine dell'asilo europeo: chi ce l'ha se li tiene. Se un milione di asilanti arriva in uno Stato europeo con il dichiarato intento di andare in altri Stati europei, questo intento viene frustrato e il primo Stato di ingresso si sobbarca l'onere di prenderseli tutti.

---

[62] https://it.wikipedia.org/wiki/Convenzione_di_Dublino
[63] https://it.wikipedia.org/wiki/Vlora_%28nave%29
[64] https://it.wikipedia.org/wiki/Naufragio_di_Lampedusa_del_3_ottobre_2013

E poi ci fu il 2014 quando, approfittando del non-Stato in Libia, 140.000 persone sbarcarono in Italia chiedendo alla sorda Europa una protezione che il continente africano non poteva dargli.

E l'Italia, la sola Italia rispose. L'operazione Mare Nostrum[65] si andò a prendere i disperati al largo delle coste libiche, ben al di sopra degli standard di protezione di Montego Bay[66]. Più di 100.000 persone salvate da morte sicura.

L'Europa, un po' in imbarazzo, cercò di recuperare l'anno successivo. No, disse l'Europa, l'Italia non può sobbarcarsi l'intero peso del soccorso; facciamo una operazione Europea. E Mare Nostrum si trasformò in Triton[67].

Altre vite salvate. Ma le vite salvate da una nave tedesca sempre in Italia vengono portate e sempre l'Italia deve provvedere alle incombenze volute dall'Europa[68]: accoglienza, procedure di riconoscimento, etc. etc.

Eppoi ci fu un altro naufragio[69], nella primavera del 2015, che scosse le coscienze europee. Nelle fredde sedi di Bruxelles maturò una timida agenda europea sulle migrazioni[70]. Una prima breccia sui ferrei principi di Dublino. Si parlò di ricollocazione dei richiedenti protezione; si parlò di alleggerire l'Italia dall'eccessivo peso di disperati che sulle sue coste erano sbarcati sol perché quelle coste erano il più vicino scoglio dell'Europa. Ma nulla fu approvato. Gli egoismi prevalsero. Non si riuscì a trovare il consenso necessario per ricollocare 40.000 migranti in due anni nell'intera Unione europea. Tanti quanti arrivavano allora in Italia in appena due mesi.

E poi ci fu la confusione dell'estate del 2015. I migranti riscoprirono la cosiddetta rotta balcanica. Dalla Turchia alle isole greche

---

[65] https://it.wikipedia.org/wiki/Operazione_Mare_nostrum
[66] https://it.wikipedia.org/wiki/Convenzione_delle_Nazioni_Unite_sul_diritto_del_mare
[67] https://it.wikipedia.org/wiki/Operazione_Triton
[68] https://eur-lex.europa.eu/legal-content/IT/TXT/PDF/?uri=CELEX:32013R0604&qid=1444249820714&from=EN
[69] https://it.wikipedia.org/wiki/Naufragio_nel_Canale_di_Sicilia_del_18_aprile_2015
[70] https://www.internazionale.it/notizie/2015/05/11/migranti-agenda-europea-punti-principali

e poi, a piedi e con ogni mezzo, in Macedonia, Serbia, Ungheria, Austria per arrivare nei posti sognati: Germania e Svezia. E vera confusione fu. Le porte ora si aprirono ora si chiusero, furono costruiti muri di sbarramento e forniti autobus per il trasporto. I migranti furono accolti e picchiati, aiutati e sgambettati.

Il Regolamento di Dublino fu invocato per non accogliere e ignorato per far uscire. Dichiarazioni di fuoco contro chi fugge e scarico di responsabilità fra Stati membri di una Unione europea molto poco unita. Dichiarazioni sui *rifugiati a la carte* tipo "prendiamo solo i siriani". E dichiarazioni su una totale apertura rettificate e contraddette nello spazio di un mattino.

Gli altri Stati cominciavano a toccar con mano quello che in Italia succede da sempre: un afflusso massiccio, indiscriminato e incontrollato di richiedenti protezione.

E l'Europa si diede una mossa. La Commissione l'8 settembre 2015 presentò un pacchetto più ampio e il Consiglio dell'Unione europea il 22 successivo approvò una seconda decisione sul ricollocamento per 120.000 richiedenti protezione provenienti per 15.600 dall'Italia e per 50.400 dalla Grecia.

E gli altri 54.000? Erano destinati ad alleviare il peso sull'Ungheria, ma tale Paese rifiutò l'aiuto (e i relativi controlli) e i 54.000 furono tenuti di riserva per l'anno successivo.

Quel che segue è una analisi dei provvedimenti allora proposti dalla Commissione.

Le misure proposte dalla Commissione

Il 22 settembre, il Consiglio straordinario dell'Unione europea in formazione "Affari Interni" approvò a maggioranza qualificata, con il voto contrario di Ungheria, Repubblica Ceca, Slovacchia e Romania e l'astensione della Finlandia, la Decisione (UE) 2015/1601[71], concernente le misure temporanee da istituire nel settore della protezione internazionale a beneficio dell'Italia e della Grecia.

Il provvedimento ha validità temporanea: 24 mesi dalla data di entrata in vigore della decisione (25 settembre 2015) e si applicherà alle persone giunte in Italia e Grecia a decorrere dal 25 settembre 2015 fino al 26 settembre 2017 e ai richiedenti giunti nel territorio di tali Stati a decorrere dal 24 marzo 2015. (art. 13 della decisione).

La decisione, adottata a norma dell'art. 78, paragrafo 3, TFUE[72] riguarda la ricollocazione in emergenza di 120.000 persone bisognose di protezione internazionale e provenienti dagli Stati membri esposti a ingenti flussi migratori. Cifra che si aggiunge a quella dei 40.000 già individuata nel pacchetto di misure connesse con l'Agenda europea sulla Migrazione, adottate dal Consiglio straordinario GAI del 14 settembre 2015 (Decisione 2015/1523 del 14 settembre 2015)[73] e che prevedono la ricollocazione, dall'Italia e dalla Grecia, di 40.000 persone (essa

---

[71] https://eur-lex.europa.eu/legal-content/IT/TXT/PDF/?uri=CELEX:32015D1601&from=DE

[72] **L'art. 78, paragrafo 3, del TFUE** prevede una procedura legislativa speciale nel caso in cui uno o più Stati membri debbano affrontare una situazione di emergenza caratterizzata da un afflusso improvviso di cittadini di paesi terzi. In tal caso il Consiglio, su proposta della Commissione, può adottare misure temporanee a beneficio dello Stato membro o degli Stati membri interessati, deliberando a maggioranza qualificata previa consultazione del Parlamento europeo

[73] https://eur-lex.europa.eu/legal-content/IT/TXT/PDF/?uri=CELEX:32015D1523&qid=1444118475641&from=EN

riguarda le persone entrate in Italia e in Grecia dal 16 settembre 2015 o ai richiedenti asilo giunti entro il 15 agosto 2015).

Insieme con la decisione votata il 22 settembre 2015, la Commissione ha proposto un pacchetto di misure che integrano, da un lato, i provvedimenti da adottare nell'immediato a beneficio dei Paesi più direttamente investiti dalla crisi nel Mediterraneo, già previsti dalla proposta di decisione del Consiglio del 27 maggio 2015 (COM (2015) 286)[74], e delineano, dall'altro, le iniziative strutturali per migliorare la gestione dei rifugiati, ivi comprese le misure per agevolare i rimpatri volontari, per mettere rapidamente a disposizione dei richiedenti asilo le infrastrutture, i beni e i servizi di prima necessità e per rafforzare il ruolo dell'azione esterna dell'Unione.

---

[74] https://eur-lex.europa.eu/resource.html?uri=cellar:7a15efe3-053d-11e5-8817-01aa75ed71a1.0021.01/DOC_1&format=PDF

Decisioni sul ricollocamento dalla Grecia e dall'Italia

Decisione del Consiglio 2015/1601[75] che istituisce misure temporanee nel settore della protezione internazionale a beneficio dell'Italia e della Grecia (ex COM(2015) 451)[76]. – ADOTTATA nel Consiglio GAI del 22/09/2015

La proposta stabilisce un obiettivo numerico di 120.000 persone in evidente bisogno di protezione internazionale, che dovranno essere ricollocate dall'Italia (15.600), dalla Grecia (50.400) e – entro un anno dall'entrata in vigore della decisione - ulteriori 54.000 da territori di Stati membri interessati. Questi ultimi, se nessuno Stato reclamerà una necessità di riallocazione entro un anno, saranno proporzionalmente imputati a Italia e Grecia per essere ricollocati ai sensi della decisione in parola. Il provvedimento ha validità temporanea: 24 mesi dalla data di entrata in vigore della decisione. Il Parlamento Europeo ha dato una formale approvazione il 17 settembre 2015[77], sul testo provvisorio, ancora prima che il Consiglio l'approvasse.

La Decisione ha avuto un iter molto travagliato. Come può agevolmente vedersi comparando i testi COM e definitivo, la Commissione, nella sua proposta, aveva pensato di ricollocare 15.600 persone in Italia, 50.400 in Grecia e 54.000 in Ungheria e previsto un meccanismo obbligatorio per gli altri Stati membri di ricollocare i

---

[75]https://eur-lex.europa.eu/legal-content/IT/TXT/PDF/?uri=CELEX:32015D1601&qid=1444123383779&from=EN
[76] https://eur-lex.europa.eu/resource.html?uri=cellar:8c565a77-56ca-11e5-afbf-01aa75ed71a1.0006.02/DOC_1&format=PDF
[77] http://www.europarl.europa.eu/news/it/press-room/20150915IPR93259/via-libera-al-trasferimento-di-ulteriori-120-000-richiedenti-asilo-nell-ue

migranti presi da questi tre Paesi assistita da una sanzione pari allo 0,002 del PIL a carico degli inadempienti.

L'Ungheria, da una parte, forse per non ricevere le pesanti intromissioni sul suolo nazionale (Esperti EASO e degli altri stati membri, Hot-spot, redazione di piani d'azione da sottoporre alla Commissione) ha rinunciato alla possibilità di ricollocare la sua quota di 54.000 richiedenti protezione e, dall'altra, il meccanismo obbligatorio è diventato sanzionabile solo a parole, essendo gli Stati riceventi autorizzati "in casi eccezionali" a notificare alla Commissione la propria incapacità di partecipare al processo di ricollocazione fino al 30% della sua quota. La Commissione può decidere di prorogare i termini e deciderà poi che fare.

La quota di 54.000 richiedenti protezione da ricollocare prima assegnati a beneficio all'Ungheria, restano di riserva, per altre possibili situazioni di crisi o per essere assegnati a beneficio di Italia e Grecia a decorrere dal 26 settembre 2016, sempre su proposta della Commissione.

La proposta di decisione si applicherà solo ai richiedenti che appartengono a nazionalità il cui tasso medio di riconoscimento di protezione, in base ai dati Eurostat, è superiore al 75% (ai dati di allora sarebbero quindi interessati solo i richiedenti provenienti da Siria, Eritrea e, forse, Iraq).

Per ciascuna persona ricollocata a norma di tale decisione, gli Stati membri ospitanti riceveranno la somma forfettaria di 6.000 euro, mentre Italia e Grecia riceveranno la somma forfettaria di 500 euro per le spese di trasferimento, che restano a loro carico.

Per far fronte agli oneri della ricollocazione sono stanziati 780 milioni di euro provenienti dal Fondo asilo, migrazione e integrazione.

Punti di criticità per l'Italia

- La mancata previsione di sanzioni effettive in caso di rifiuto di uno Stato membro a partecipare al meccanismo di ricollocazione.
- Le modalità di calcolo in base alle quali sono state stabilite le quote di migranti da ricollocare (vedi "considerando" n. 13 e 14): esse sono state calcolate sull'aumento delle richieste di asilo nel 2015 rispetto al 2014. Ma Grecia e Ungheria (a quest'ultimo Paese era destinata, in origine, la quota di 54.000 "rilocandi") nel 2014 non sono stati interessati da grandi ondate di migranti al contrario dell'Italia che è da anni in prima linea con grossi numeri annuali di arrivi. Di conseguenza il calcolo percentuale effettuato in relazione al periodo preso in riferimento (I sem. 2015 / I sem. 2014) propone un dato falsato. E' chiaro che in un paese come l'Italia la variazione percentuale in questo periodo risulta minore se confrontata con la variazione percentuale di paesi che negli anni scorsi sono stati interessati solo in minima parte dal flusso.
- La nazionalità dei rilocandi: i soggetti da ricollocare devono appartenere a nazionalità per le quali in base ai dati Eurostat la percentuale di riconoscimento di protezione internazionale sia pari o superiore al 75%. Stando a una prima stima quindi esclusivamente Siriani, Eritrei e, forse, Iracheni. Allora, come oggi, in Italia i richiedenti asilo appartengono in numero molto esiguo a queste due nazionalità (32% del totale). Sarà molto difficile "riempire" le quote. Sarebbe stato dunque opportuno abbassare di molto l'asticella delle probabilità di successo, in modo da comprendere altre nazionalità, quali quelle dell'Afghanistan, della Nigeria, del Mali e della Somalia, più rappresentate fra le persone arrivate nel nostro Paese.
- La creazione degli *hot spot* con squadre congiunte cui partecipano membri dell'EASO e funzionari di collegamento con gli Stati membri, con un relativo monitoraggio costante delle attività italiane di identificazione, quindi con una certa perdita di sovranità nazionale e sottoposizione a controllo europeo. Ma sugli hot spot ci ritorneremo.

- Gli Stati membri conservano il diritto di rifiutare la ricollocazione del richiedente protezione qualora sussistano fondati motivi per ritenere che la persona in questione costituisca un pericolo per la sicurezza nazionale o l'ordine pubblico.
- Lo Stato membro di ricollocazione può indicare le sue preferenze riguardo le caratteristiche specifiche dei richiedenti, le loro competenze linguistiche, le qualifiche e altre indicazioni individuali basate su dimostrati legami familiari, culturali o sociali che potrebbero facilitarne l'integrazione.
- Gli Stati membri che, in applicazione della decisione, ricollocano richiedenti asilo dall'Italia e dalla Grecia ricevono una somma forfettaria per persona ricollocata che ammonta a 6.000 euro; Italia e Grecia ricevono una somma forfettaria di 500 euro per ciascun ricollocato dal loro territorio, e devono farsi carico dei costi effettivi necessari per i trasferimenti, il soccorso e la prima accoglienza.
- Infine la deroga al Regolamento Dublino III, n.604/2013[78]: le misure relative alla ricollocazione dall'Italia e dalla Grecia previste dalla presente decisione comportano una deroga temporanea alla norma prevista all'articolo 13, paragrafo 1, del regolamento (UE) n. 604/2013 del Parlamento europeo e del Consiglio , in base alla quale l'Italia e la Grecia sarebbero state altrimenti competenti per l'esame delle domande di protezione internazionale. Tuttavia affinché il Paese ricevente si faccia carico della richiesta, le persone da riallocare devono essere trasferite **entro un termine massimo di due mesi** dal momento che lo Stato ricevente si sia reso disponibile. Il termine è troppo breve, in quanto bisogna tener presente che – per la stessa decisione – il "ricollocando" ha diritto ad un "ricorso effettivo". In Italia il ricorso è dato al TAR entro 60 giorni con possibilità di sospensiva. Basterà, quindi che un ricollocando in Romania non gradisca tale scelta e, con il ricorso al TAR di una facile sospensiva può vanificare il tutto.

---

[78] https://eur-lex.europa.eu/legal-content/IT/TXT/PDF/?uri=CELEX:32013R0604&qid=1444679364712&from=EN

Due parole sugli Hot-Spot (nella versione italiana "Punti di crisi").

Innanzitutto va precisato che dei cd. hot-spot non esiste nella normativa europea una precisa definizione, bensì solo nelle discussioni a Bruxelles fra ministri e Commissione.

Ciò che sarebbe vita ai cd. hot-spot sarebbe la Decisione del Consiglio 2015/1523 del 14 settembre 2015 Ma la stessa proposta di Decisione non parla assolutamente di hot-spot. La discussione è nata attorno al disposto dell'articolo 7 della Decisione:

Art. 7) Sostegno operativo all'Italia e alla Grecia

1. Per aiutare l'Italia e la Grecia ad affrontare meglio la pressione eccezionale sui rispettivi sistemi di asilo e migrazione causata dall'attuale aumento della pressione migratoria alle loro frontiere esterne, gli Stati membri aumentano il sostegno operativo in cooperazione con l'Italia e la Grecia nel settore della protezione internazionale attraverso le pertinenti attività coordinate dall'EASO, da Frontex e da altre agenzie competenti, fornendo in particolare, ove opportuno, esperti nazionali per le seguenti attività di sostegno:

a) screening dei cittadini di paesi terzi che arrivano in Italia e in Grecia, compresi l'identificazione precisa, il rilevamento delle impronte digitali e la registrazione, nonché, se del caso, la registrazione delle loro domande di protezione internazionale e, su richiesta di Italia o Grecia, il relativo trattamento iniziale;

b)   fornitura di informazioni ai richiedenti o potenziali richiedenti suscettibili di ricollocazione ai sensi della presente decisione e predisposizione dell'assistenza specifica di cui possono avere bisogno;

c)   preparazione e organizzazione di operazioni di rimpatrio dei cittadini di paesi terzi che non hanno chiesto protezione internazionale o il cui diritto di rimanere sul territorio è cessato.

2.   Oltre al sostegno fornito a norma del paragrafo 1 e per facilitare l'attuazione di tutte le fasi della procedura di ricollocazione, all'Italia e alla Grecia viene fornito, come opportuno, sostegno specifico attraverso pertinenti attività coordinate dall'EASO, da Frontex e da altre agenzie competenti..

Nel corso del dibattito a Bruxelles, fra i ministri e la Commissione si è ipotizzato la costruzione di cd. hot-spot come modalità organizzativa dove autorità italiane, (e, in Grecia, autorità greche) in collaborazione con funzionari degli altri Stati membri e dell'EASO svolgano almeno le attività previste dalle lettere a), b) e c) del summenzionato articolo 7.

Gli Hot-spot sono citati nelle conclusioni del Consiglio europeo del 25 giugno 2015[79] come *"la creazione di strutture di accoglienza e prima accoglienza negli Stati membri in prima linea con l'attivo sostegno degli esperti degli Stati membri e dell'Ufficio europeo di sostegno per l'asilo (EASO), di Frontex e Europol, al fine di assicurare prontamente identificazione, registrazione e rilevamento delle impronte digitali dei migranti ("punti di crisi")"*

Ma mai la costruzione normativa dei cd. hot spot ha assunto contorni definitivi e concreti, passando, anzi, per le più diverse ipotesi fra le quali, quella estrema, ma completamente errata, pur citata nelle cennate conclusioni del Consiglio europeo (*"Ciò consentirà di distinguere coloro che hanno bisogno di protezione internazionale da*

---

[79] https://data.consilium.europa.eu/doc/document/ST-22-2015-INIT/it/pdf

coloro che non ne hanno") di luoghi chiusi nei quali entrano tutti gli irregolari "salvati dal mare" e ne escono, nel più breve tempo possibile, divisi fra "buoni" (chi ottiene la protezione) e "cattivi" (chi non ne ha diritto e deve essere rispedito nel paese di origine).

La costruzione teorica è errata in quanto carente di un passaggio fondamentale, prescritto come essenziale dalle due Direttive europee in materia, la 32[80] e la 33[81] del 2013 (e in Italia recepite con Decreto legislativo 18 agosto 2015, n.142): l'esame caso per caso di ogni domanda da parte di un organismo indipendente (in Italia le Commissioni territoriali); esame che, per la citata Direttiva 32 può durare sei mesi prorogabili di altri sei se il caso è complesso (art. 31).

Escluso quindi che la procedura possa concludersi in un cd. hot-spot [*il richiedente protezione internazionale NON può esser trattenuto per il solo fatto di aver chiesto la protezione (art.8 della Direttiva "accoglienza")*[82]], le ipotesi – nel panorama normativo europeo e, quindi, italiano – a cosa il cd. hot-spot debba servire si riducono a forme organizzative più efficaci delle procedure immediatamente successive allo sbarco quali fotosegnalamento, rilevamento impronte digitali (obbligatorio per il Regolamento 603/2013 Eurodac)[83], acquisizione della domanda di asilo, informazioni ai migranti. Quindi nulla che necessiti di modifiche normative.

L'unica attività di separazione che potrà esser compiuta nei cd. hot-spot è quella fra i migranti che, debitamente informati, sottopongono una domanda di protezione internazionale e chi non lo fa; è noto, comunque, che una domanda di protezione internazionale può esser presentata successivamente in qualsiasi momento, anche in un CIE.

---

[80] https://eur-lex.europa.eu/legal-content/IT/TXT/PDF/?uri=CELEX:32013L0032&qid=1444129168426&from=EN
[81] https://eur-lex.europa.eu/legal-content/IT/TXT/PDF/?uri=CELEX:32013L0033&qid=1444129090862&from=EN
[82] https://eur-lex.europa.eu/legal-content/IT/TXT/PDF/?uri=CELEX:32013L0033&qid=1444129090862&from=EN
[83] https://eur-lex.europa.eu/legal-content/IT/TXT/PDF/?uri=CELEX:32013R0603&qid=1444129326343&from=EN

Forse l'unica definizione di Hot Spot (in italiano definiti "punti di crisi") in un documento normativo EU si può trovare nell'art. 2 (definizioni), punto 10, del Regolamento 2016/1624/UE relativo alla guardia costiera.

"10) «punto di crisi»: una zona in cui lo Stato membro ospitante, la Commissione, le agenzie dell'Unione competenti e gli Stati membri partecipanti cooperano allo scopo di gestire una sfida migratoria sproporzionata, reale o potenziale, caratterizzata da un aumento significativo del numero di migranti in arrivo alla frontiera esterna;".

Una definizione che concorda con quella da noi assunta di modalità organizzativa delle operazioni di soccorso e identificazione.

Conclusioni sull'estate del 2015.

Da un primo esame dei provvedimenti adottati non può certo dirsi che l'Europa si sia "svegliata" con un nuovo spirito di solidarietà, anche se qualcosa, specialmente da parte della Commissione, si è mosso.

La ricollocazione decisa è assistita da tali e tante cautele che difficilmente sarà realmente possibile e, quando sarà possibile, lo sarà solo per i rifugiati "doc" in modo che i Paesi riceventi non debbano scontrarsi con lo scoglio più duro. Quello del rimpatrio.

Il principio cardine di Dublino è stato intaccato, ma molto leggermente. Invece di pensare alla figura del rifugiato europeo, la Commissione propone un copia/incolla del procedimento di rilocazione nel Regolamento di Dublino. E abbiamo visto quante e quali sono le pecche di tale meccanismo.

Anche se si volesse conservare, almeno di facciata, il principio cardine di Dublino, esso dovrebbe essere assistito da molte e varie aperture perché, lo si è visto in quella estate, le mete dei migranti sono alcuni e ben determinati Paesi europei. Quindi anche l'apertura tedesca a "quote obbligatorie" non sarebbe risolutiva. I profughi che siano rilocati in un Paese "povero" non di loro gradimento, per esempio Romania o Lituania o Bulgaria, si rimetterebbero senz'altro in marcia verso quei Paesi che ritengono ricchi ed in grado di dar loro più welfare.

I Paesi "ricchi" verranno saturati fino a che saranno loro a chiedere la rilocazione verso altri Paesi. E sembra che l'ambasciatore svedese presso l'EU abbia già adombrato tale possibilità.

Si è detto del "mutuo riconoscimento dello Status di rifugiato". Tale riconoscimento, pur previsto da una "derelitta" Convenzione del

Consiglio di Europa, è avversato da molti Paesi in quanto la Commissione non ne ha mai chiarito le conseguenze, ossia quali responsabilità mantenga lo Stato che ha concesso lo status.

Una possibile misura potrebbe essere quella di abbreviare il lasso temporale durante il quale i riconosciuti protetti non possono stabilirsi in un altro Paese EU. In questo senso una recente Direttiva ha permesso ai protetti di poter conseguire, dopo 5 anni, il permesso di soggiorno EU per soggiornanti di lungo periodo che - come è noto - dà la possibilità di potersi trasferire in un altro Stato membro.

Intanto l'esodo via terra continua e i Paesi europei minacciano di chiudere i confini. La Commissione, per tappare la falla, il 25 ottobre 2015 ha convocato un minivertice EU[84] fra la Commissione, alcuni Stati membri e alcuni Paesi terzi interessati alla rotta balcanica.

L'incontro è teso e rischia di fallire. Viene chiuso nella notte, quando già erano arrivate le notizie della vittoria dei nazionalisti antieuropeisti in Polonia.

La dichiarazione finale[85] non contiene novità, ma cose già sentite.

Le misure inserite nella Dichiarazione dimostrano come l'obbiettivo perseguito sia quello di diminuire il più possibile i flussi che dalla rotta balcanica salgono verso la Germania e il nord Europa attraverso una azione di filtro da parte dei Pesi di ingresso (in particolare la Grecia) e dei Paesi di transito mediante opportuni finanziamenti a tali Paesi.

I principali passaggi della Dichiarazione riguardano l'istituzione di punti nazionali di contatto per facilitare lo scambio di informazioni e assicurare un maggior coordinamento ed una gestione più ordinata dei flussi, affidando un ruolo primario di coordinamento alle Agenzie Frontex ed Easo.

Si è deciso di prendere adeguate misure di accoglienza da mettere in campo durante l'imminente stagione invernale (ivi incluso il meccanismo di protezione civile EU) per offrire riparo, assistenza

---

[84] http://europa.eu/rapid/press-release_IP-15-5904_en.htm
[85] https://www.senato.it/service/PDF/PDFServer/BGT/00943326.pdf

sanitaria e cibo ai migranti. Gli hot spot dovranno esser avviati in Grecia con un rinnovato impegno per ridurre i flussi di migranti in modo da gestirli in maniera più ordinata.

Saranno creati complessivamente 100mila posti di accoglienza: la Grecia dovrà portare a 30mila i posti disponibili sul proprio territorio, mentre altri 20mila saranno individuati e finanziati dall'UNHCR in territorio ellenico. L'UNHCR provvederà per ulteriori 50mila posti totali nei paesi toccati dalla rotta balcanica e, in particolare, al confine fra Grecia e Macedonia.

Nella Dichiarazione è stata, inoltre, sottolineata la necessità di assicurare l'identificazione e la registrazione di tutti i migranti nel Paese di primo arrivo o lungo la rotta nel caso che l'identificazione non si avvenuta nel punto di ingresso nell'EU.

400 guardie di frontiera verranno impiegate in Slovenia (l'Italia ha già contribuito con alcune unità, come la Francia e la Germania), la presenza di Frontex verrà rafforzata anche al confine fra Turchia e Bulgaria. Si è confermato l'impegno comune nella lotta al traffico di migranti (con misure di cooperazione di polizia e giudiziaria) e nell'informativa al migrante sui propri diritti e doveri, con il supporto dell'UNHCR.

Alla Commissione è stato affidato il compito di monitorare l'effettiva attuazione degli impegni assunti attraverso video conferenze settimanali con i punti di contatto nazionali nei Paesi presenti all'incontro.

Ma è finita peggio.

Le due "Decisioni" della Commissione, come si è detto, sono obbligatorie per gli Stati membri. Alcuni hanno risposto tardivamente, altri molto a rilento, altri – addirittura – non hanno proprio risposto. Nessuna sanzione è stata imposta dalla Commissione agli Stati membri inadempienti.

La pietra tombale su tali decisioni è stata posata dal Consiglio europeo del 28 giugno 2018[86], nel quale è stato approvato all'unanimità, quindi anche con il voto favorevole dell'Italia che si presentava con il neo premier Giuseppe Conte, che *"Nel territorio dell'UE coloro che vengono salvati, a norma del diritto internazionale, dovrebbero essere presi in carico sulla base di uno sforzo condiviso e trasferiti in centri sorvegliati istituiti negli Stati membri, unicamente su base volontaria; qui un trattamento rapido e sicuro consentirebbe, con il pieno sostegno dell'UE, di distinguere i migranti irregolari, che saranno rimpatriati, dalle persone bisognose di protezione internazionale, cui si applicherebbe il principio di solidarietà. Tutte le misure nel contesto di questi centri sorvegliati, ricollocazione e reinsediamento compresi, **saranno attuate su base volontaria**, lasciando impregiudicata la riforma di Dublino"*.

Da quanto sopra emerge l'inutilità giuridica delle attuali pretese del Governo italiano di redistribuire i migranti "salvati" o "sbarcati". E' – ormai – solo questione de *jure condendo*.

Bisogna, quindi, sempre accettare la volontà dell'Europa? A parte il fatto che le decisioni europee sono prese anche da rappresentanti italiani, come si è visto per il Consiglio del 28 giugno 2018. Ma quando sei solo contro tutti gli altri Stati dell'Unione, fare la voce grossa e battere i pugni sul tavolo conviene poco.

Non c'entra molto con i migranti, ma qui vorrei ricordare che in quella famosa estate un altro dramma scosse l'Europa: la crisi greca. La Grecia era insolvente e l'Unione europea, per salvarla, impose un piano lacrime e sangue. Nel luglio del 2015, Alexis Tsipras[87], leader greco, sfidò l'Europa. Forte del 61,31% dei voti a lui favorevoli nel referendum convocato per la bisogna rispose con un sonoro NO! alle richieste dell'Europa proponendo – anche a costo di uscire dall'Eurozona – un programma molto più morbido. L'Europa rispose picche. Il braccio di ferro fu risolto dalle migliaia e migliaia di cittadini greci che, appena la minaccia di uscire dall'Eurozona divenne concreta, presero d'assalto i bancomat, dimostrando con chiarezza di preferire l'Euro alla Dracma.

---

[86] https://data.consilium.europa.eu/doc/document/ST-9-2018-INIT/it/pdf
[87] https://it.wikipedia.org/wiki/Alex%C4%ABs_Tsipras

(Ho riassunto la vicenda qui: https://sergioferraiolo.com/2018/05/25/il-caso-savona-e-la-nostra-memoria/).

Tsipras fu costretto a sottoscrivere un memorandum molto più severo di quello inizialmente proposto dall'Europa.

Ricordare quello che successe nel passato prossimo può far comodo nel futuro prossimo.

Migranti e rifugiati: gli errori dell'Europa e le conseguenze per l'Italia.

Premessa

In questa terza parte voglio raccontare il mutamento concettuale dell'approccio dell'Unione europea di fronte al migrante che chiede protezione. Una volta, per le Direttive del dopo Tampere, chiunque chiedesse protezione era meritevole di accoglienza, diritti e di un particolare status, quello di richiedente, almeno fino alla decisione sula sua domanda. Ormai, con le nuove proposte che andrò ad illustrare, l'Europa vede il richiedente protezione non più come chi presenta una istanza, ma come chi presenta una domanda "ammissibile", scaricando le conseguenze di questa scelta sugli Stati in prima linea.

Racconterò dell'accordo con la Turchia che, in cambio di molti quattrini, si impegna a tenere fuori dall'UE chi – spinto da miseria e guerra – cerca di entrarvi.

Racconterò anche il nuovo "pacchetto" di proposte normative che la Commissione ha proposto per costruire il "sistema comune europeo dell'asilo". Proposte pensate dagli Stati nordici e che sono penalizzanti per il nostro Paese.

E racconterò gli ultimi sviluppi; il tentativo dell'Unione di riprodurre con la Libia l'accordo con la Turchia, con l'intento di fermare in quel Paese africano i profughi ed operare lì la selezione fra chi ha diritto alla protezione e chi no, con tutte le perplessità derivanti dalla instabile situazione politica in quel Paese.

E, ancora, alcune riflessioni sul "peso lordo" e "peso netto" dei migranti e della guerra del Governo italiano alle ONG.

Il mio scritto non è rivolto solo agli addetti ai lavori, ma anche, e soprattutto, a chi, leggendo sui giornali degli imponenti movimenti di persone via terra, del loro improvviso arrestarsi, dei continui sbarchi, delle difficoltà di rimpatriare gli irregolari, degli accordi con Turchia e Libia, vuol capirne il perché, nella complicata materia della protezione internazionale in cui chi dà le carte è sempre l'Unione europea e gli Stati membri, mascherati da Consiglio europeo.

Per tale ragione non ho usato un linguaggio da "addetti ai lavori" e ho privilegiato la semplicità alla forma scientifica od accademica.

Soprattutto, scrivo perché non si dimentichi quello che è successo fin ora: nell'era di internet e dei social il passato – come raccontò Orwell – viene sempre modificato ed adattato alle esigenze del presente.

Impasse dell'azione dell'Unione europea sui migranti

Nella parte precedente ho esposto le mie perplessità sull'azione europea per fronteggiare la migrazione dei popoli mediorientali ed africani verso l'Unione Europea ed in particolare sul ricollocamento di un gran numero di richiedenti asilo dall'Italia e dalla Grecia verso altri Paesi UE.

La Decisione 2015/1523[88] del 14 settembre 2015 e la Decisione 2015/1601[89] del 22 settembre 2015 prevedevano infatti una rilocazione complessiva di 160.000 richiedenti asilo in due anni. Per quel che riguarda l'Italia la quota da ricollocare era fissata in 24.000 persone dalla Decisione 1523 e in 15.600 dalla Decisione 1601. Un totale, quindi di sole 39.600 persone a fronte di un arrivo annuo – allora - di oltre 160.000 "migranti".

La questione del ricollocamento era poi complicata da numerosi paletti posti dall'UE, primo fra tutti che le persone eligibili per il ricollocamento dovessero possedere una nazionalità per la quale la richiesta di protezione internazionale avesse avuto nell'anno precedente un tasso di accoglimento pari almeno al 75%; in pratica i soli siriani e somali e, forse, irakeni. Cosa parecchio improbabile visto che le nazionalità più frequentemente dichiarate agli sbarchi in Italia sono

---

[88] https://eur-lex.europa.eu/legal-content/IT/TXT/PDF/?uri=CELEX:32015D1523&qid=1444118475641&from=EN
[89] https://eur-lex.europa.eu/legal-content/IT/TXT/PDF/?uri=CELEX:32015D1601&qid=1444123383779&from=EN

quella della Nigeria, del Senegal, del Gambia, della Costa d'avorio, della Tunisia....

Previsione facile. Dopo un anno e mezzo, nel marzo 2017 i ricollocati dall'Italia sono stati solo 4.438; altre 881 richieste sono state approvate dallo Stato di destinazione e sono in attesa di essere eseguite

Gli "sbarchi", invece, continuarono ad aumentare. Dal 1° gennaio al 23 marzo 2017 raggiunsero il numero di 21.909 contro i 14.442 del corrispondente periodo del 2016.

Ovviamente, più che di sbarchi, si dovrebbe parlare di persone salvate nell'ambito delle operazioni europee di soccorso nel canale di Sicilia, in prossimità delle coste libiche.

Le nazionalità dichiarate dagli sbarcati[90] sono aggiornate quotidianamente sul sito del Ministero dell'interno.

Come si vede, un completo fallimento, probabilmente dovuto alla debolezza del governo italiano, unico Stato di frontiera per la rotta mediterranea, e al disinteresse degli Stati dell'Europa centrosettentrionale al problema, visto che la rotta balcanica è stata chiusa con un accordo dal dubbio valore etico con la Turchia.

La situazione cominciò a migliorare solo con l'accordo Minniti-Libia del 2017.

L'8 febbraio 2017 il Presidente della Commissione europea Junker prese una decisa posizione contro i Paesi che non collaborano alla rilocazione[91] minacciando aperture di procedure di infrazione che non mi risultano esser state prese. Intanto, sempre l'8 febbraio 2017, la

---

90

http://www.libertaciviliimmigrazione.dlci.interno.gov.it/it/documentazione/statistica/c ruscotto-statistico-giornaliero

[91] https://www.lastampa.it/esteri/2017/02/08/news/migranti-ue-da-marzo-possibili-sanzioni-per-chi-non-effettua-i-previsti-ricollocamenti-1.34650064

Commissione ha pubblicato il suo nono rapporto sulla rilocazione (qui il testo in inglese[92] e qui il comunicato stampa in italiano[93]).

L'allegato che fornisce le cifre[94] ribadisce quelle sopra riportate: al 7 febbraio 2017 le rilocazioni effettive dall'Italia verso gli altri Paesi sono state solo 3.200.

Probabilmente perché l'esodo attraverso la rotta balcanica investiva Stati "più importanti" (in Germania ne sono arrivati più di un milione), l'UE ha concentrato i suoi sforzi per sterilizzare l'esodo via terra dalla Turchia alla Grecia e, da questa, verso l'Europa balcanica e settentrionale.

Il 18 marzo 2016 L'Unione europea ha, infatti, sottoscritto con il Governo di Erdogan un accordo (qui il link al testo[95]. Vedi anche Allegato 1) per blindare il varco terrestre all'Unione europea ai disperati che fuggono da orrore, guerra e miseria.

In cambio di tanti soldi, tre miliardi di euro (poi rinnovati), di promesse di liberalizzazione dei visti per i cittadini turchi, l'accordo prevede[96] che i migranti e i profughi sulla rotta balcanica, siriani compresi, saranno rimandati dalla Grecia in Turchia se non presenteranno domanda d'asilo presso le autorità greche. Per rispettare le leggi internazionali, chi non vorrà essere registrato e chi vedrà respinta la sua domanda tornerà in Turchia. Per ogni profugo siriano che viene rimandato in Turchia dalle isole greche un altro siriano verrà

---

[92] https://ec.europa.eu/home-affairs/sites/homeaffairs/files/what-we-do/policies/european-agenda-migration/20170208_ninth_report_on_relocation_and_resettlement_en.pdf
[93] http://europa.eu/rapid/press-release_IP-17-218_it.htm
[94] https://ec.europa.eu/home-affairs/sites/homeaffairs/files/what-we-do/policies/european-agenda-migration/20170208_ninth_report_on_relocation_and_resettlement_annex_2_en.pdf
[95] https://www.consilium.europa.eu/it/press/press-releases/2016/03/18/eu-turkey-statement/
[96] https://www.internazionale.it/notizie/2016/03/18/cosa-prevede-l-accordo-sui-migranti-tra-europa-e-turchia

trasferito dalla Turchia all'Unione europea attraverso dei canali umanitari.

A prima vista sembra un discorso sensato. Rimpatrio di chi arriva e non vuole chiedere asilo e non vuole farsi identificare (compresi i siriani) e accoglienza (dei soli siriani) attraverso canali umanitari.

Eppure qui si comincia ad intravvedere il nuovo disegno europeo sui migranti, l'esternalizzazione (che coinvolgerà anche noi, come Stato di frontiera) dell'esame dell'ammissibilità della domanda di asilo. L'Europa respinge i disperati che non vogliono essere costrette a rimanere in Grecia, Paese disastrato e senza prospettive lavorative, con la presentazione di una domanda di protezione che, per il "regolamento di Dublino", in Grecia li costringe a rimanere. L'Europa respinge la massa indistinta di migranti da cui sarà difficile discernere chi ha diritto alla protezione e chi non lo ha. L'Europa ammetterà sul suo territorio – attraverso corridoi umanitari – solo chi ha diritto, o sembra aver diritto, alla protezione.

Anche a costo di dover considerare la Turchia, che di problemi sui diritti umani ne ha non pochi, come "stato terzo sicuro" o "paese di primo asilo" o "paese di origine sicuro".

Lo schema accordo Unione europea – Turchia è destinato a ripetersi, stando, almeno alla Dichiarazione Germania – Francia riportata da Statewatch[97] che, riconoscendo l'inadeguatezza attuale del CEAS (Sistema europeo di Asilo) a fronteggiare crisi come quella del 2015, propone di replicare questo modello con i Paesi partner perché con la combinazione di tre elementi: il ritorno dei richiedenti asilo fuori dall'Europa senza una valutazione nel merito per scoraggiare gli ingressi clandestini, l'apertura di corridoi umanitari per il rientro in Europa dei richiedenti "eligibili", il miglioramento delle condizioni di vita dei richiedenti asilo nei Paesi partner con i finanziamenti UE sarà possibile

---

[97] http://www.statewatch.org/news/2017/feb/eu-med-france-germany-note.htm

risolvere il problema della forte pressione alle frontiere esterne e degli arrivi massicci ed indiscriminati

Le obiezioni di un allontanamento di massa, per giunta verso Paesi che non possono dirsi del tutto sicuri, vengono cinicamente superati con il controllo UE sui rimpatri e sulla possibilità per il Consiglio di dichiarare "parte sicura" dello Stato terzo almeno la parte dove verrebbero collocati provvisoriamente i richiedenti asilo.

La protezione sussidiaria.

Qui occorre aprire una parentesi per chiarire come l'Europa si sia tuffata in un ginepraio normativo da cui non può più uscire e che spiega un poco l'accrescersi dei flussi migratori.

Come già evidenziato nella prima parte del libro, nel 1999, il 15 e 16 ottobre, in seguito all'entrata in vigore del Trattato di Amsterdam[98] che "comunitarizzava" le materie dell'immigrazione e dell'asilo, fu convocata a Tampere una conferenza di Capi di Stato e di Governo per dare impulso all'apertura dello spazio europeo ai cittadini dei Paesi terzi.

Illuminante dello spirito che, allora, pervadeva i Governi dell'Unione europea è la lettura delle conclusioni di quel Vertice[99] che, per la loro fondamentale importanza, **ripeto**:

"Tale libertà non dovrebbe, tuttavia, essere considerata appannaggio esclusivo dei cittadini dell'Unione. La sua stessa esistenza serve da richiamo per molti altri che nel mondo non possono godere della libertà che i cittadini dell'Unione danno per scontata. Sarebbe contrario alle tradizioni europee negare tale libertà a coloro che sono stati legittimamente indotti dalle circostanze a cercare accesso nel nostro territorio. Ciò richiede a sua volta che l'Unione elabori politiche comuni in materia di asilo e immigrazione, considerando nel contempo l'esigenza di un controllo coerente alle frontiere esterne per arrestare l'immigrazione clandestina e combattere coloro che la organizzano

---

[98] https://it.wikipedia.org/wiki/Trattato_di_Amsterdam
[99] http://www.europarl.europa.eu/summits/tam_it.htm

commettendo i reati internazionali ad essa collegati. Queste politiche comuni devono basarsi su principi che siano chiari per i nostri cittadini e offrano allo stesso tempo garanzie per coloro che cercano protezione o accesso nell'Unione europea.... Il Consiglio europeo ribadisce l'importanza che l'Unione e gli Stati membri riconoscono al rispetto assoluto del diritto di chiedere asilo. Esso ha convenuto di lavorare all'istituzione di un regime europeo comune in materia di asilo, basato sull'applicazione della Convenzione di Ginevra in ogni sua componente, garantendo in tal modo che nessuno venga esposto nuovamente alla persecuzione, ossia mantenendo il principio di non-refoulement. ... e, quindi, norme di ravvicinamento per protezione temporanea, Stato competente a trattare una domanda di asilo, misure di accoglienza, qualifica ed elementi sostanziali dello status di rifugiato. L'Unione europea deve garantire l'equo trattamento dei cittadini dei paesi terzi che soggiornano legalmente nel territorio degli Stati membri. Una politica di integrazione più incisiva dovrebbe mirare a garantire loro diritti e obblighi analoghi a quelli dei cittadini dell'UE. Il Consiglio europeo riconosce la necessità di un ravvicinamento delle legislazioni nazionali relative alle condizioni di ammissione e soggiorno dei cittadini dei paesi terzi, in base a una valutazione comune sia degli sviluppi economici e demografici all'interno dell'Unione sia della situazione nei paesi di origine. A tal fine, esso chiede al Consiglio decisioni rapide, sulla base di proposte della Commissione... Occorre ravvicinare lo status giuridico dei cittadini dei paesi terzi a quello dei cittadini degli Stati membri. Alle persone che hanno soggiornato legalmente in uno Stato membro per un periodo di tempo da definire e che sono in possesso di un permesso di soggiorno di lunga durata dovrebbe essere garantita in tale Stato membro una serie di diritti uniformi il più possibile simili a quelli di cui beneficiano i cittadini dell'UE, ad esempio il diritto a ottenere la residenza, ricevere un'istruzione, esercitare un'attività in qualità di lavoratore dipendente o autonomo; va inoltre riconosciuto il principio della non discriminazione rispetto ai cittadini dello Stato di soggiorno".

Per dare attuazione a tali conclusioni, la Commissione europea propose ed il Consiglio ed il Parlamento europeo approvarono diverse Direttive sull'accoglienza, sulle procedure per il riconoscimento della protezione e sullo status di protezione internazionale.

Fino ad allora, lo strumento internazionale che vincolava gli Stati membri era la sola Convenzione di Ginevra sui rifugiati del 1951[100], emendata, poi, nel 1967 dal Protocollo di New York[101] che eliminò la riserva geografica e la barriera temporale del 1951[102].

L'articolo 1 della Convenzione specifica che la protezione viene fornita a *"Chiunque nel giustificato timore d'essere perseguitato per ragioni di razza, religione, cittadinanza, appartenenza a un determinato gruppo sociale o per opinioni politiche, si trova fuori dello Stato di cui possiede la cittadinanza e non può o, per tale timore, non vuole domandare la protezione di detto Stato; oppure chiunque, essendo apolide e trovandosi fuori dei suo Stato di domicilio in seguito a tali avvenimenti, non può o, per il timore sopra indicato, non vuole ritornarvi"*.

Quindi, affinché lo status di rifugiato potesse esser riconosciuto, il richiedente doveva possedere alcune precise caratteristiche personali:

1) "Giustificato timore di persecuzione" ossia un pericolo attuale e fondato su elementi di fatto;
2) Le persecuzioni dovevano esser riferite personalmente al richiedente per ragioni di razza, religione, cittadinanza, appartenenza a un determinato gruppo sociale o per opinioni politiche [espresse].

La Commissione ritenne di allargare, e di molto, i casi in cui gli Stati dell'Unione dovessero riconoscere protezione ai richiedenti.

---

[100] https://www.unhcr.it/wp-content/uploads/2016/01/Convenzione_Ginevra_1951.pdf
[101] http://unipd-centrodirittiumani.it/it/strumenti_internazionali/Protocollo-relativo-alla-status-di-rifugiato-1967/149
[102] https://it.wikipedia.org/wiki/Convenzione_relativa_allo_statuto_dei_rifugiati

Con la Direttiva 2004/83/CE del 29 aprile 2004[103] recepita nel nostro Paese con Decreto legislativo 19/11/2007 n. 251 e con la Direttiva 2011/95/UE del 13 dicembre 2011[104], recepita nel nostro ordinamento con modifiche al D.Leg.vo 251/2007, la Commissione operò una vera e propria rivoluzione nei motivi che davano diritto alla protezione.

Per "salvare" lo strumento internazionale esistente, la Convenzione di Ginevra, la Commissione operò una bipartizione: da una parte lo status di rifugiato secondo i dettami della Convenzione di Ginevra e dall'altra la "protezione sussidiaria" secondo requisiti stabiliti dall'Unione europea. Status di rifugiato e protezione sussidiaria insieme formano la "protezione internazionale". Specialmente con la Direttiva 2011/95/UE il trattamento riservato ai fruitori di questi due tipi di protezione fu sostanzialmente unificato.

Ma dove forse l'Unione europea ha fatto il passo più lungo della gamba è nei requisiti richiesti per fruire della protezione. Mentre la Convenzione di Ginevra si fondava sul giustificato pericolo individuale di persecuzione, il titolo per fruire dell'equivalente "protezione sussidiaria" si basa sul "fondato motivo di ritenere che ... nel Paese di origine correrebbe rischio effettivo di subire un danno grave". E "danni gravi" sono considerati, oltre alla condanna a morte e alla presenza della tortura nel Paese di origine, anche dalla minaccia grave ed individuale alla vita o alla persona di un civile derivante dalla violenza indiscriminata in situazioni di conflitto armato interno o internazionale".

Si passa così dal "giustificato timore di persecuzione personale" al "fondato motivo di ritenere di correre rischi".

Il salto è enorme. Prima dell'intervento normativo dell'Unione, il fruttivendolo del Mali, vessato da bande armate che minacciavano ritorsioni personali in caso di rifiuto di tangenti o di assistenza, che decideva di chiudere il suo improduttivo negozietto per tentare la

---

[103] https://eur-lex.europa.eu/legal-content/IT/TXT/PDF/?uri=CELEX:32004L0083&qid=1486029747627&from=EN
[104] https://eur-lex.europa.eu/legal-content/IT/TXT/PDF/?uri=CELEX:32011L0095&qid=1486031857900&from=EN

fortuna in Europa, era considerato un migrante economico e, quindi, suscettibile di respingimento. Dopo l'entrata in vigore delle Direttive europee lo stesso fruttivendolo del Mali può, a buon diritto, reclamare la protezione sussidiaria per lo stato di violenza generalizzata presente nel suo Paese.

Se poniamo attenzione alla situazione geopolitica dell'Africa e del medio oriente, dove Governi ballerini si reggono sulla violenza di bande armate e su sistemi non democratici contro gli oppositori, possiamo ragionevolmente supporre che i tre quarti della popolazione di queste sfortunate zone abbia diritto a qualche forma di protezione.

Incremento dei movimenti di persone.

La cronica instabilità politica degli Stati (falliti o meno) africani, e di quelli del vicino e medio oriente, le guerre civili in Siria e Libia, l'espandersi del Daesh[105], la situazione in Iraq hanno provocato, lungo la rotta mediterranea e lungo la rotta balcanica movimenti epocali di popolazioni in cui è praticamente impossibile distinguere chi fugge dalla guerra e persecuzioni e chi dalla fame. Dal 2015 milioni di persone si sono mosse. Molte, la gran parte, si è fermata vicino al luogo di partenza: Etiopia, Libano, Giordania accolgono milioni di rifugiati. Una parte più piccola è stata attratta proprio da quello spazio di libertà e giustizia che il Vertice di Tampere del 1999[106] aveva promesso anche a chi non aveva avuto la fortuna di nascere entro i confini dell'Unione.

L'anno 2015 ha visto lunghe colonne di profughi in marcia verso il nord Europa e un numero sempre crescente di sbarchi in Italia che, nel 2016, sono arrivati alla cifra di 181.436 persone.

Non sono cifre enormi ma bastano per movimentare notevolmente la politica dei Paesi di arrivo. I flussi di profughi, anche se benedetti dai demografi che paventano nel prossimo futuro un deficit di forza lavoro e diminuzione di contributi pensionistici, provocano allarme, paura e, soprattutto crescita dei movimenti populisti e nazionalisti che su queste paure coagulano il consenso elettorale.

---

[105] https://it.wikipedia.org/wiki/Stato_Islamico
[106] http://www.europarl.europa.eu/summits/tam_it.htm

Bisogna anche dire che l'atteggiamento ondivago e parecchio inconcludente dell'Unione europea non aiuta molto a considerare il problema con umanità, tolleranza e solidarietà.

Una volta chiusa, con l'accordo UE-Turchia, la cd. Rotta balcanica, la situazione dell'afflusso dei profughi è profondamente mutata fra Italia e Grecia da una parte ed il resto dei partner europei dall'altra. Tranne poche richieste di asilo negli aeroporti, i richiedenti asilo che arrivano nell'Europa centro settentrionale sono già "filtrati" dagli stati in prima linea come Italia e Grecia che, pena una procedura di infrazione, si sono impegnati a registrare, fotosegnalare e acquisire le impronte digitali di tutti gli arrivi. Quindi nell'Europa del nord – tranne i pochi in aeroporto - arriveranno rifugiati solo per rilocazioni, corridoi umanitari etc. Insomma, migranti "scelti" che hanno buone possibilità di ottenere una qualche forma di protezione.

Ben diversa la situazione dell'Italia e della Grecia. Il flusso verso la Grecia si è considerevolmente ridotto visto lo stop costituito dalla Turchia: nel 2017, fino al 2 febbraio, gli arrivi si attestano a 1521 persone[107]. In Italia sono arrivate, come già evidenziato, dal 1° gennaio al 23 marzo 2017 ben 21.909 persone, favorite dalla prosecuzione dell'operazione "Mare nostrum"[108], totalmente italiana e prettamente di soccorso, con l'Operazione Triton[109] e l'operazione Sophia[110] a guida UE. Queste ultime due, lungi dal perseguire lo scopo assegnato dall'UE di pattugliamento del mar mediterraneo per fronteggiare i trafficanti di persone, ha provveduto al soccorso e al trasbordo nei porti italiani dei migranti appena al di fuori delle acque costiere libiche, punto di partenza del 90% dei "viaggi della speranza". La quasi certezza di esser soccorsi ha fatto sì che i trafficanti, invece dei più solidi barconi in legno adesso utilizzano fragili ed economici gommoni cinesi, venduti alla luce del sole su Alibaba.com, l'Amazon cinese, con il chiarissimo nome di

---

107
http://www.libertaciviliimmigrazione.dlci.interno.gov.it/sites/default/files/allegati/crus
cotto_statistico_giornaliero_31_dicembre_0.pdf
108 https://it.wikipedia.org/wiki/Operazione_Mare_nostrum
109 https://it.wikipedia.org/wiki/Operazione_Triton
110 https://it.wikipedia.org/wiki/Operazione_Sophia

refugee boat. (visto il clamore, i cinesi hanno chiuso/modificato questo link)

Con i gommoni, fragili, sovraccarichi per l'ingordigia dei trafficanti e totalmente inadatti alla navigazione in alto mare, sono aumentati i naufragi e le vittime che ora riposano sul fondo del Canale di Sicilia.

Le statistiche di questi drammi avvenuti in mare, in solitudine, sono ballerine ed oscillano fra i 5.000 e i 10.000 morti nel corso dal 2016 e per ogni anno a seguire.

Nei gommoni viaggiano disperati di tutte le nazionalità: nel primo scorcio del 2017[111], ma il dato è fotocopia di quello degli scorsi anni[112], i Paesi di provenienza più frequentemente dichiarati al momento dello sbarco nei porti italiani sono, in ordina decrescente, la Costa d'Avorio, la Nigeria, il Marocco, il Senegal, il Mali, il Bangladesh, il Gambia. Paesi, come si vede, non proprio coincidenti con quelli i cui cittadini hanno maggiore possibilità di ottenere protezione, citati nelle due decisioni europee sul ricollocamento del 2015.

Con questi dati, fermo restando l'esame individuale di ogni domanda, la percentuale delle protezioni concesse dalle Commissioni territoriali italiane scende di molto[113]. Infatti nel mese di dicembre 2016[114] il numero di riconoscimenti dello status di rifugiato si attesta, come l'anno precedente attorno al 5%, il riconoscimento della protezione sussidiaria si attesta intorno al 15% e quello della protezione umanitaria intorno al 28%. Ma bisogna osservare che la protezione

---

111

http://www.libertaciviliimmigrazione.dlci.interno.gov.it/it/documentazione/statistica/c ruscotto-statistico-giornaliero

112

http://www.libertaciviliimmigrazione.dlci.interno.gov.it/sites/default/files/allegati/crus cotto_statistico_giornaliero_31_dicembre_0.pdf

[113] http://www.interno.gov.it/it/sala-stampa/dati-e-statistiche/i-numeri-dellasilo

114

http://www.interno.gov.it/sites/default/files/modulistica/numeri_asilo_dicembre_2016. pdf umanitaria è un istituto nazionale, non europeo, quindi non entra nelle statistiche e nei numeri utili al confronto con gli altri Sati europei. Tutti gli altri sono dinieghi che vanno ad affollare le aule giudiziarie con il ricorso che, essendo sospensivo del provvedimento impugnato, garantisce, qualunque sia l'esito, almeno un altro anno o due di permanenza sul territorio nazionale e di accoglienza nelle strutture pubbliche, così come previsto dalle regole europee.

Nella mischia si è gettato anche il nuovo ministro dell'interno Salvini che ha abolito il permesso "umanitario" aumentando di molto il numero dei "denegati" dalle Commissioni territoriali.

Ciò fa sì che cresca lo stock di richiedenti denegati dalle commissioni, ma inespellibili perché in pendenza di ricorso. E quando i numeri diventano rilevanti i rimpatri, resi più garantisti dalla Direttiva "rimpatri" del 2008, la 2008/115/CE[115], diventano quasi impossibili ad onta delle promesse elettorali.

I rimpatri sono costosi, presuppongono il "riconoscimento diplomatico" dei Paesi di provenienza che questi ultimi sono sempre molto restii a concedere e coinvolgono più amministrazioni. Interessante, a questo riguardo, è un articolo di Vladimiro Polchi[116] su Repubblica.it del 18 gennaio 2017 che illustra la complessità e i costi di una espulsione di 49 migranti verso la Tunisia. Espulsione, oltretutto, facile perché con la Tunisia è in vigore un trattato che regola e semplifica le riammissioni. Senza contare, poi, che le autorità dei Paesi di rimpatrio, quasi tutti a maggioranza musulmana, chiedono espressamente di limitare i rimpatri di più persone contemporaneamente in quanto ciò solleva le ire degli imam più integralisti che indicano ai loro fedeli queste espulsioni contemporanee come un oltraggio all'Islam.

---

[115] https://eur-lex.europa.eu/LexUriServ/LexUriServ.do?uri=OJ:L:2008:348:0098:0107:IT:PDF
[116]

https://www.repubblica.it/cronaca/2017/01/18/news/in_74_per_scortare_29_migranti_cosi_funzionano_le_espulsioni-156271202/

Le espulsioni verso alcuni Paesi si scontrano poi con i rilevanti interessi commerciali che l'Italia ha con questi Stati e che potrebbero esser compromessi da un numero consistente e ravvicinato di rimpatri.

Comunque la difficoltà dei rimpatri non è un problema solo italiano. Ne è un lampante esempio la vicenda di Anis Amri[117], il terrorista tunisino[118] responsabile del massacro di Berlino del 19 dicembre 2106. Anis Amri passò diversi anni in un carcere italiano perché, arrivato su un barcone nel 2011, durante una rivolta incendiò il centro che lo ospitava. Scontata la pena, nel maggio 2015, l'Italia cercò di espellerlo, ma la Tunisia, certamente non entusiasta di riprendersi una persona che, prima dei reati in Italia, aveva commesso reati nel proprio Paese, ritardò – forse scientemente – la consegna dei documenti necessari per il "riconoscimento" diplomatico e per l'espulsione. La conseguenza fu che ad Amri fu consegnata una espulsione cartacea che gli intimava di lasciare subito il nostro Paese. Amri si autoespelle, ma verso la Germania. Le autorità italiane segnalano a quelle tedesche la pericolosità di Amri. Comincia un balletto[119] fra la Polizia del Land Nord Reno Vestfalia sulla competenza, ma nessun provvedimento viene preso: Amri presenta una domanda di protezione che viene respinta, ma anche la Germania, per gli stessi motivi dell'Italia, non riesce ad espellerlo, con le tragiche conseguenze che conosciamo.

Ciò dimostra che in tutti gli Stati europei esiste il problema del crescente numero di chi, non avendo diritto alla protezione, purtuttavia non è possibile allontanare. Il tasso medio di rimpatri in Europa si aggira sulla sconfortante cifra del 40%.

E la difficoltà dei rimpatri è stata ribadita il 21 febbraio 2017 dal Commissario Avrampupolos al termine dell'incontro[120] con il ministro dell'interno tedesco De Mazière, annunciando per la settimana successiva un nuovo Piano d'azione sui rimpatri ed una Raccomandazione agli Stati membri sul medesimo argomento [vedasi

---

[117] https://www.ilpost.it/2016/12/26/droga-crimine-anis-amri-attentatore-berlino/
[118] http://www.astrid-online.it/rassegna/2017/12-01-2017-n-258.html
[119] http://www.astrid-online.it/rassegna/2017/12-01-2017-n-258.html
[120] http://europa.eu/rapid/press-release_SPEECH-17-321_en.htm

apposito capitolo *infra*]. Il Commissario ha, inoltre, ribadito, che l'Unione non potrà padroneggiare efficientemente il fenomeno migratorio senza un coordinato approccio con i Paesi terzi di transito e di origine dei migranti

Occorre quindi trovare una soluzione che salvi i principi più volte ribaditi dall'Unione europea ossia che chiunque, da qualsiasi Paese proviene, può presentare una domanda di protezione internazionale, che chiunque abbia presentato una domanda di protezione ha diritto alla procedura di esame con le garanzie stabilite in sede comunitaria che comprendono anche l'accoglienza fino al termine del giudizio di primo grado sul ricorso avverso il diniego della protezione. Quindi tempi lunghi e, specialmente quelli derivanti dal ricorso giurisdizionale, difficilmente contingentabili.

Ma serve anche una soluzione opposta che abbrevi, e di molto, la permanenza sul territorio europeo di chi, anche ad un esame accelerato, non abbia diritto a tale protezione. E la soluzione deve tenere in debito conto che espellere effettivamente chi non ha diritto alla protezione è molto molto difficile, specialmente quando si tratta di grandi numeri. Infine, la soluzione ricercata deve, in qualche modo, evitare i movimenti secondari come quello di Amri.

La "soluzione" dell'Unione europea arriva.

Per trovare queste soluzioni che devono rispondere ad esigenze opposte, ossia garantire comunque chi ha diritto all'asilo, ma abbreviare i tempi ed evitare afflussi massicci ed incontrollati sul suolo europeo (e soprattutto negli Stati del nord), la Commissione si muove in fretta e presenta un nuovo "pacchetto" di proposte normative, insieme collegate, ma che presentano molti, troppi punti che meritano una profonda riflessione e rielaborazione.

1)   A maggio 2016 la Commissione presenta una nuova proposta di Regolamento [COM(2016)270][121] intesa a riformare i criteri sui quali si fonda la competenza dello Stato membro a conoscere delle domande di protezione internazionale, il cd. Dublino IV[122] che dovrebbe sostituire il Dublino III[123] approvato nel 2013.

A luglio 2016 la Commissione presenta[124] un nuovo pacchetto di proposte normative intese a sostituire gli equivalenti strumenti giuridici ora vigenti:

2)   Proposta di REGOLAMENTO DEL PARLAMENTO EUROPEO E DEL CONSIGLIO [COM(2016)467][125] che stabilisce una procedura comune di

---

[121] https://eur-lex.europa.eu/legal-content/IT/TXT/PDF/?uri=CELEX:52016PC0270&from=IT

[122] https://ec.europa.eu/home-affairs/sites/homeaffairs/files/what-we-do/policies/european-agenda-migration/background-information/docs/20160504/the_reform_of_the_dublin_system_en.pdf

[123] https://eur-lex.europa.eu/legal-content/IT/TXT/PDF/?uri=CELEX:32013R0604&from=IT

[124] http://europa.eu/rapid/press-release_IP-16-2433_it.htm

[125] https://eur-lex.europa.eu/resource.html?uri=cellar:2c404d27-4a96-11e6-9c64-01aa75ed71a1.0014.02/DOC_1&format=PDF

protezione internazionale[126] nell'Unione e abroga la direttiva 2013/32/UE[127]; il cd. Regolamento "procedure"

3)   Proposta di REGOLAMENTO DEL PARLAMENTO EUROPEO E DEL CONSIGLIO [COM(2016)466][128]recante norme sull'attribuzione a cittadini di paesi terzi o apolidi della qualifica di beneficiario[129] di protezione internazionale, su uno status uniforme per i rifugiati o per le persone aventi titolo a beneficiare della protezione sussidiaria e sul contenuto della protezione riconosciuta, che modifica la direttiva 2003/109/CE[130] del Consiglio, del 25 novembre 2003, relativa allo status dei cittadini di paesi terzi che siano soggiornanti di lungo periodo; il cd. Regolamento "qualifiche"

4)   Proposta di DIRETTIVA DEL PARLAMENTO EUROPEO E DEL CONSIGLIO [COM(2016)465][131] recante norme relative all'accoglienza dei richiedenti protezione[132] internazionale (rifusione); la cd. Direttiva "accoglienza",

---

[126] https://ec.europa.eu/home-affairs/sites/homeaffairs/files/what-we-do/policies/european-agenda-migration/background-information/docs/20160713/factsheet_asylum_procedures_reforming_the_common_european_asylum_system_en.pdf
[127] https://eur-lex.europa.eu/legal-content/IT/TXT/PDF/?uri=CELEX:32013L0032&from=IT
[128] https://eur-lex.europa.eu/resource.html?uri=cellar:6d976705-4a95-11e6-9c64-01aa75ed71a1.0022.02/DOC_1&format=PDF
[129] https://ec.europa.eu/home-affairs/sites/homeaffairs/files/what-we-do/policies/european-agenda-migration/background-information/docs/20160713/factsheet_qualification_reforming_the_common_european_asylum_system_en.pdf
[130] https://eur-lex.europa.eu/legal-content/IT/TXT/PDF/?uri=CELEX:32003L0109&from=IT
[131] https://eur-lex.europa.eu/legal-content/IT/TXT/PDF/?uri=CELEX:52016PC0465&qid=1486389563734&from=EN
[132] https://ec.europa.eu/home-affairs/sites/homeaffairs/files/what-we-do/policies/european-agenda-migration/background-information/docs/20160713/factcheet_reception_conditions_reforming_the_common_european_asylum_system_en.pdf

che, insieme, "dovrebbero" superare le norme di ravvicinamento ed armonizzazione delle normative nazionali per costituire il "sistema europeo comune di asilo"[133].

Dalla lettura comparata dei diversi documenti emergono diverse novità che, per la Commissione, dovrebbero dare una risposta ai problemi rappresentati nel capitoletto precedente ma che, per l'Italia soddisfacenti sono per nulla.

L'impressione che si ricava è uno stravolgimento del concetto stesso di richiedente protezione. Per la normativa ora in vigore, il richiedente protezione è chi manifesta l'intenzione di chiedere protezione o chi manifesta ad uno stato membro il timore di tornare nel Paese di appartenenza. La lettura delle proposte fa invece emergere che il vero richiedente protezione è solo chi presenta una domanda "ammissibile".

Il mutamento non è di poco conto, considerato che – chiusa la rotta balcanica – la gran massa di profughi proviene dall'Africa lungo la rotta mediterranea con le navi europee che li prelevano direttamente ai confini con le acque territoriali libiche.

Questo "mutamento" di indirizzo è attuato con poche, puntuali modifiche all'impianto esistente.

I provvedimenti – anche se è evidente che sono stati pensati e scritti da mani differenti – si parlano fra loro e necessitano di una lettura comparata.

Anche se, vista la difficoltà estrema, almeno per chi non ha competenze specifiche, di emigrare in Europa per cercare lavoro, i "finti richiedenti protezione" aumenteranno sempre più. D'altronde cercare di emigrare in Europa perché nel proprio Paese si fa la fame è un motivo

---

[133] https://ec.europa.eu/home-affairs/sites/homeaffairs/files/what-we-do/policies/european-agenda-migration/background-information/docs/20160713/factsheet_the_common_european_asylum_system_en.pdf

più che plausibile, anzi giustificato e "certificato" dai milioni di nostri emigrati in ogni parte del mondo.

Purtroppo, nelle Direttive e Regolamenti europei la "protezione per fame" non è contemplata.

Non so a che punto sia arrivata la discussione di questi strumenti normativi sui tavoli di Bruxelles.

Analizzando i testi proposti dalla Commissione mi preme piuttosto dimostrare il suo mutato atteggiamento verso chi arriva in quella che è ormai diventata la "fortezza Europa".

Va da sé, comunque che - qualsiasi sia lo stato raggiunto dai negoziati nella primavera scorsa - il "dopo elezioni europee 2019" ne imporrà quanto meno una rivisitazione.

Proposta di Regolamento Dublino IV

La prima novità che salta agli occhi, comune sia alla Proposta di Regolamento Dublino IV sia alla Proposta di Regolamento "procedure" è la previsione di una preventiva procedura di ammissibilità della domanda da attuarsi obbligatoriamente dagli Stati membri in tempi brevissimi e certi.

Nella proposta di Regolamento Dublino IV essa è inserita nel nuovo comma 3 dell'articolo 3 con le conseguenze descritte nei successivi commi 4 e 5:

"3. Prima di applicare i criteri per determinare lo Stato membro competente a norma dei capi III e IV, il primo Stato membro in cui è stata presentata la domanda di protezione internazionale:

A. esamina se la domanda di protezione internazionale sia inammissibile ai sensi dell'articolo 33, paragrafo 2, lettere b) e c), della direttiva 2013/32/UE[134], quando un paese che non è uno Stato membro è considerato primo paese di asilo o paese terzo sicuro per il richiedente, e

B. esamina la domanda con procedura accelerata ai sensi dell'articolo 31, paragrafo 8, della direttiva 2013/32/UE[135], quando si applicano i seguenti motivi:

---

[134] https://eur-lex.europa.eu/legal-content/IT/TXT/PDF/?uri=CELEX:32013L0032&from=IT
[135] https://eur-lex.europa.eu/legal-content/IT/TXT/PDF/?uri=CELEX:32013L0032&from=IT

a.   il richiedente è cittadino di paese terzo, o un apolide che in precedenza soggiornava abitualmente in un paese terzo, designato quale paese di origine sicuro nell'elenco comune dell'UE di paesi di origine sicuri stabilito con regolamento [proposta COM (2015) 452 del 9 settembre 2015][136], oppure

b.   il richiedente può, per gravi ragioni, essere considerato un pericolo per la sicurezza nazionale o l'ordine pubblico dello Stato membro, ovvero è stato espulso con efficacia esecutiva per gravi motivi di sicurezza o di ordine pubblico a norma del diritto nazionale.

4. Lo Stato membro che giudica inammissibile una domanda o esamina una domanda con procedura accelerata ai sensi del paragrafo 3 è considerato Stato membro competente.

5. Lo Stato membro che ha esaminato una domanda di protezione internazionale, anche nei casi di cui al paragrafo 3, è competente per l'esame di ogni ulteriore dichiarazione o domanda reiterata di tale richiedente, conformemente agli articoli 40, 41 e 42 della direttiva 2013/32/UE, a prescindere dal fatto che il richiedente abbia lasciato il territorio degli Stati membri o ne sia stato allontanato."

(vedi scheda Senato)[137] :
http://www.senato.it/service/PDF/PDFServer/BGT/01067171.pdf

L'aggiunta di questi commi ha conseguenze pesanti. L'attuale Regolamento Dublino III (il N. 604/2013)[138] non cita mai l'ammissibilità di una domanda di protezione. Anzi, il primo comma dell'articolo 3, rimasto invariato in questa nuova proposta, recita: *"Gli Stati membri esaminano qualsiasi domanda di protezione internazionale presentata da un cittadino di paese terzo o da un apolide sul territorio di qualsiasi*

---

[136] https://eur-lex.europa.eu/resource.html?uri=cellar:a5874209-56cc-11e5-afbf-01aa75ed71a1.0015.02/DOC_1&format=PDF

[137] http://www.senato.it/service/PDF/PDFServer/BGT/01067171.pdf

[138] https://eur-lex.europa.eu/legal-content/IT/TXT/PDF/?uri=CELEX:32013R0604&from=IT

Stato membro." Quindi, prima di esaminare la domanda nel merito, lo Stato membro, attualmente deve determinare se la competenza all'esame è sua o di altro Stato membro secondo la gerarchia dei criteri prevista dal Capo III del testo vigente.

Se la proposta della Commissione andasse in porto, lo Stato membro al quale è stata presentata una domanda di asilo, prima ancora di appurare la propria competenza applicando la gerarchia dei criteri, dovrà prendere una decisione sull'ammissibilità della domanda in tempi strettissimi (10 gg. quando applica il concetto di primo Paese di asilo o di Paese terzo sicuro) dettati dalla proposta di Regolamento "procedure" (art. 34, c.1, secondo periodo) o quando applica al richiedente una "procedura accelerata" se il richiedente proviene da un Paese di origine sicuro, se il richiedente è pericoloso per l'ordine pubblico.

In tutti questi casi lo Stato, che nella massima parte dei casi sarà quello di primo ingresso cioè, per quanto riguarda gli sbarchi, l'Italia, diventa automaticamente "Stato membro competente" con l'obbligo di riportare, nel caso, il richiedente nello Stato di origine. E, una volta fissata la competenza, questa permane per sempre, anche in caso di domande reiterate dopo un rimpatrio ed un nuovo, successivo, ingresso in Europa, anche in uno Stato membro diverso.

Siccome l'obbligo per i richiedenti protezione è quello di presentare la domanda nel primo Stato membro di ingresso, ecco che quest'ultimo si troverà gravato dell'accertamento dell'ammissibilità e dell'onere del rimpatrio per tutte le domande di asilo inammissibili, anche quelle la cui competenza ricadrebbe su un altro Partner europeo per esempio perché il richiedente ha fatto ingresso in Europa da un altro Stato membro, oppure ha parenti stretti che risiedono in un altro Pase EU, fatti questi che, ora, spostano la competenza.

Secondo questa formulazione, gli Stati membri in "seconda fila", quelli non soggetti a sbarchi di massa riceveranno solo "dublinanti" che hanno presentato una domanda ammissibile con buone possibilità di successo e, quindi, l'onere delle eventuali espulsioni sarà molto ridotto.

E' questo un altro tentativo degli Stati nord europei di addossare parte delle procedure ed un più alto numero di rimpatri agli Stati membri di frontiera

Ritornerò successivamente su altre "perle" del Regolamento Dublino IV. Mi preme ora, però, evidenziare i punti di contatto con le altre proposte.

Il nuovo preventivo esame di ammissibilità non è limitato solo alla Proposta di Regolamento di Dublino IV, ma è presente anche – ovviamente – nella proposta di Regolamento "procedure" ove, da facoltativo che era, viene reso obbligatorio con tempi di decisione ridotti ad un mese (art. 34, comma 1), mentre il termine per la decisione nel merito continua, come regola generale, ad essere fissato in sei mesi.

Nel preventivo giudizio sull'ammissibilità il richiedente ha il diritto di sostenere un colloquio (art. 10 e 45, n.4) per rappresentare le proprie ragioni e la decisione è ricorribile autonomamente.

Il giudizio di ammissibilità si fonda, come vedremo in seguito quando esaminerò più in particolare la proposta di Regolamento "procedure", su un principio opposto al principio cardine stabilito fin dalla Convenzione di Ginevra del 1951 sui rifugiati, ossia che la protezione viene riconosciuta caso per caso e per fatti o accadimenti propri del richiedente, perché ogni richiedente è diverso dall'altro. Il fondamento per respingere una domanda per inammissibilità riguarda fatti ed accadimenti per così dire esterni al richiedente: la sua provenienza da un Paese giudicato sicuro, il suo passaggio prima di entrare in UE in un Paese che avrebbe potuto concedergli la protezione etc.

Sarà il richiedente a dover dimostrare che quel Paese, giudicato sicuro dall'Unione, non è sicuro per lui, contestando le convinzioni che l'organo accertante si è fatto basandosi su elenchi approvati dallo Stato membro o, addirittura, dall'Unione e dovrà ricorrere al giudice contro il verdetto negativo basato su tali convinzioni.

Si arriva, quindi all'assurdo, nell'ottica di accelerare i tempi, ad avere per ogni domanda di protezione due colloqui, uno sull'ammissibilità e uno merito, due decisioni, ed eventualmente due ricorsi. Non mi pare certo questo il modo di rendere le procedure più spedite.

La Commissione ha salvato la forma, ma, ormai, il richiedente protezione non è più chiunque la chieda, bensì solo colui che presenta una domanda "ammissibile", priva di quelle "figure sintomatiche" che fanno presumere l'assenza del bisogno della protezione.

Contro tale formulazione si è espresso chiaramente il Parlamento europeo (Commissione LIBE) che nella bozza di rapporto sulla proposta della Commissione[139] del 24 febbraio 2017 [2016/0133(COD)][140] chiede espressamente (emendamenti 3 e 25) di cancellare il "famigerato" nuovo comma 3 dell'articolo 3 con la semplice motivazione che non è il caso di stravolgere il procedimento di Dublino. Lo Stato membro che sarà dichiarato competente sarà ben in grado di valutare l'ammissibilità di una domanda. Il preventivo esame sull'ammissibilità costituisce un inutile aggravio sulle procedure di riconoscimento dello status protettivo degli Stati membri in prima linea [leggi Italia]. Il preventivo esame ridurrebbe l'incentivo di tali Stati di frontiera ad una corretta registrazione dei richiedenti e rischierebbe di aumentare i movimenti secondari.

Ecco la motivazione dell'emendamento proposto dal Parlamento europeo:

È opportuno ricordare che questa questione è correlata al regolamento sulle procedure di asilo, che disciplina il ricorso a tali procedure. Quando lo Stato membro competente è stato stabilito in conformità con il regolamento di Dublino, tale Stato membro avrebbe la possibilità di eseguire i suddetti controlli di ammissibilità Il relatore ritiene, tuttavia, che l'introduzione di tali controlli prima dei "criteri di

---

[139] http://www.europarl.europa.eu/doceo/document/LIBE-PR-599751_IT.pdf
[140] http://www.europarl.europa.eu/doceo/document/LIBE-PR-599751_IT.pdf

Dublino" comporterebbe un significativo onere supplementare per gli Stati membri in prima linea, il che disincentiverebbe tali Stati dal registrare correttamente i richiedenti, incoraggiando così i movimenti secondari

Ma se il motivo della inutile complicazione ed aggravio delle procedure dato dal doppio esame dell'ammissibilità verrà accolto, non potrà che essere accolto anche per quel che riguarda la proposta di Regolamento "Procedure".

Qualche altra riflessione sulla proposta di regolamento Dublino IV.

Secondo la Commissione la principale novità contenuta nella proposta è il meccanismo di solidarietà che è attivato automaticamente quando il numero di domande di protezione internazionale per cui uno Stato membro è competente supera il 150% della cifra individuata dalla "chiave di riferimento". Il tutto tramite un sistema informatico in cui vengono immessi senza soluzione di continuità le domande presentate in ogni singolo Stato membro e la situazione dei reinsediamenti.

Il numero di domande per cui uno Stato membro è competente ed il numero di persone effettivamente reinsediate da tale Stato membro costituiscono la base per il calcolo della quota di ogni singolo Stato. Il sistema calcola ininterrottamente la percentuale di domande per cui ciascuno Stato è stato designato come competente e le confronta con la percentuale di riferimento in base ad una chiave fondata su due criteri, ciascuno dei quali vale per il 50%: la popolazione e il PIL totale di uno Stato membro.

Dal momento in cui questo meccanismo si attiva, tutte le domande presentate nello Stato membro che subisce una pressione superiore al 150% della cifra individuata nella chiave di riferimento sono assegnate in modo proporzionale agli Stati membri che presentano un numero di domande inferiore al numero indicato nella chiave di riferimento.

Il meccanismo non è di facile comprensione ma, per quanto io abbia chiesto, non è chiaro per nessuno: per cui i paragrafi precedenti sono tratti dalla fonte autentica, la relazione illustrativa della Commissione alla proposta.

Anche se il meccanismo non è chiaro, si potrebbe pensare che, finalmente, la Commissione abbia in qualche modo corretto il principio, penalizzante per l'Italia della competenza dello Stato membro di primo ingresso.

Purtroppo non è così. Abbiamo visto e vedremo ancora in seguito che le proposte della Commissione pongono in primo piano e raccomandino l'adozione di figure sintomatiche che facciano scattare il preventivo giudizio di inammissibilità, come la provenienza da Paesi terzi sicuri, Paesi di origine sicuri, Paesi di primo asilo etc. e abbiamo visto che le nazionalità dichiarate dai richiedenti protezione nel nostro Paese siano ben distanti da quello che garantiscono il 75% di accoglimento previsto nelle due Decisioni del 2015.

E' facile prevedere, quindi, per l'Italia, un alto numero di domande che saranno giudicate inammissibili.

Non è poi chiaro se le domande inammissibili entrino nel numero di quelle idonee a far scattare il meccanismo di rilocazione. Infatti se l'articolo 34 della Proposta di Regolamento Dublino IV al paragrafo 2 testualmente afferma "[il Meccanismo correttivo di assegnazione] si applica quando il sistema automatizzato...indica che il numero di domande di protezione internazionale, per le quali uno Stato membro è competente **secondo i criteri di cui al Capo III, articolo 3, paragrafo 2 o 3 e articoli 18 e 19**, aggiunto al numero di persone effettivamente reinsediate, supera il 150%...".

Quindi se dall'articolo 34 appare che il meccanismo correttivo debba tener conto delle domande per le quali lo Stato membro è competente secondo il più volte citato articolo 3, commi 3 e 4 (inseriti nel Capo I) che assegna allo Stato la competenza per tutte le domande inammissibili, il successivo articolo 36 dispone che le domande dichiarate inammissibili o esaminate con procedura accelerata ai sensi dell'art.3, paragrafo 3, non sono soggette ad assegnazione.

A far propendere per il non computo di tali domande c'è anche l'affermazione della *rapporteur* del Parlamento europeo per tale Regolamento, Cecilia Wikström che, nel "progetto di relazione"[141] della Commissione LIBE, nella motivazione dell'emendamento 87 che modifica, appunto, l'articolo 34, sostiene che *"il relatore è inoltre dell'avviso che le domande che rientrano nel criterio dell'articolo 3, paragrafo 1* [ossia qualsiasi domanda] *debbano essere conteggiate ai fini del raggiungimento del valore di riferimento"*.

Con questi presupposti dubito che il Meccanismo di assegnazione scatterà mai per l'Italia a meno che le Commissioni territoriali non si dispongano a considerare ammissibili tutte le domande. In questo modo, anche se non si potrà evitare il doppio esame, si eviterà il doppio ricorso ed aumenterà il numero delle domande idonee a far scattare il meccanismo correttivo di assegnazione.

Almeno fino a che gli elenchi di Paesi terzi sicuri, Paesi di primo asilo e Paesi di origine sicuri non saranno "comunitarizzati" e resi obbligatori.

Il fine di radicare una volta per tutte la competenza di uno Stato membro viene perseguito pervicacemente dalla Commissione con una serie di disposizioni che, a mio parere, vanno contro il buon senso. Ne traccio qualche esempio.

In Dublino III se il richiedente protezione (art.12) è titolare di un visto o di un permesso di soggiorno in corso di validità rilasciato da uno Stato membro, quest'ultimo è competente per la domanda di protezione. In Dublino IV la competenza permane per due anni dopo la

---

[141] http://www.europarl.europa.eu/doceo/document/LIBE-PR-599751_IT.pdf

scadenza del permesso di soggiorno e sei mesi dopo la scadenza del visto. Per la precettività della disposizione ed in assenza di disposizioni contrarie, si deve presumere che la competenza permanga anche se, alla scadenza del permesso di soggiorno o del visto, lo straniero abbia lasciato il territorio dello Stato membro che glielo ha rilasciato. Del resto una analoga disposizione, più chiara, è contenuta nell'articolo 3, comma 5: se uno Stato membro ha esaminato una domanda di protezione internazionale di un dato richiedente, esso è competente per l'esame di ogni ulteriore domanda, "a prescindere dal fatto che il richiedente abbia lasciato il territorio degli Stati membri o ne sia stato allontanato". Ciò significa che se uno stato membro denega la protezione ad un richiedente e ne esegue correttamente il rimpatrio, rimane competente per ogni ulteriore domanda anche se il medesimo richiedente rientra nell'Unione attraverso un altro Stato membro.

Il radicamento della competenza è ulteriormente perseguito modificando l'articolo 13 del Regolamento Dublino III. In esso veniva precisato che la responsabilità dello Stato membro cessa dopo 12 mesi dall'attraversamento clandestino della sua frontiera e che, dopo cinque mesi di permanenza clandestina in un diverso Stato membro, quest'ultimo assume la competenza a conoscere della domanda. In Dublino IV (art. 15) questi spostamenti di competenza sono stati aboliti.

Proposte per superare il principio cardine di Dublino

Noi italiani affermiamo in tutte le sedi l'effetto penalizzante sul nostro Paese del principio cardine del Regolamento di Dublino che consegna la competenza a conoscere della domanda di protezione internazionale allo Sato membro di primo ingresso, ossia all'Italia, unico Paese (oltre la Grecia nel 2015) a subire l'ingresso di richiedenti asilo con il fenomeno degli sbarchi.

Non che l'Italia sia il Paese che accoglie più rifugiati; la Germania e la Svezia ne hanno accolti molti di più. Ma gli altri Stati membri, tranne che nella famosa estate del 2015 quando saltarono tutte le regole e furono costruiti muri di filo spinato, non hanno mai conosciuto il flusso disordinato, ribollente, pieno di pericoli per i naufraghi dei continui sbarchi sulle coste meridionali o di salvataggi in alto mare o al limitare delle coste libiche. Possiamo ben affermare che abbiamo meno rifugiati ma essi arrivano in modo più pericoloso, disordinato e bisognevole di soccorso.

Ma, oltre a chiedere a gran voce grandi modifiche, sono note da ultimo anche le dichiarazioni del nuovo Presidente del Parlamento Europeo David Sassoli e della nuova Presidente della Commissione Europea, Ursula von der Leyen, la soppressione di questo principio, non mi sembra che siano state avanzate proposte alternative.

Leggendo vecchi documenti della Commissione e più recenti prese di posizione del Parlamento europeo, mi vengono in mente due proposte, una presa proprio dalla Relazione della Commissione a Dublino II, l'altra proveniente dal Parlamento europeo.

1) **Principio della competenza dello Stato membro ove è stata posta la domanda di protezione.**

Il principio prevede di accettare la volontà del richiedente nella scelta dello Stato membro ove presentare la domanda di protezione. Il principio non è nuovo e fu valutato (e scartato) dalla stessa Commissione europea nel 2001 in sede di presentazione del cd Regolamento di Dublino II [COM(2001)447][142]. Infatti, al punto 2.2 (pag. 4) della relazione illustrativa[143] che la Commissione redige nella sua proposta si legge:

"Nel menzionato documento di lavoro, "Revisione della convenzione di Dublino", sono state passate in rassegna diverse opzioni possibili per sostituire il dispositivo della convenzione di Dublino. Il documento giunge alla conclusione che non esistono molte alternative realizzabili al sistema attuale.

La soluzione alternativa più credibile, ossia quella che attribuisce la competenza esclusivamente sulla base del luogo nel quale è stata presentata la domanda, permetterebbe certamente di instaurare un sistema chiaro ed efficace che risponde a un certo numero di obiettivi: assicurare rapidità e certezza, evitare il fenomeno dei rifugiati "vaganti", porre fine al problema delle domande d'asilo multiple e garantire l'unità del nucleo familiare. Tuttavia, ciò richiederebbe un'armonizzazione in altri settori, ad esempio le procedure d'asilo, le condizioni d'accoglienza,

---

[142] https://eur-lex.europa.eu/legal-content/IT/TXT/PDF/?uri=CELEX:52001PC0447&from=IT
[143] https://eur-lex.europa.eu/legal-content/IT/TXT/?qid=1486490261757&uri=CELEX:52001PC0447

l'interpretazione della definizione della nozione di "rifugiato" e la protezione sussidiaria per ridurre i fattori che potrebbero indurre i richiedenti asilo a scegliere uno tra gli Stati membri all'atto della presentazione della loro domanda.

In questa fase della costruzione del regime europeo comune in materia di asilo, esistono invece tra gli Stati membri disparità, sotto l'aspetto delle procedure d'ammissione allo status di rifugiato, delle condizioni d'accoglienza dei richiedenti asilo e dell'organizzazione delle forme complementari di protezione, che possono influenzare l'orientamento dei flussi dei richiedenti asilo. Tali fattori esisteranno, anche se in forma attenuata, anche dopo che le rispettive direttive proposte dalla Commissione saranno entrate in vigore.

Di conseguenza, non sarebbe realistico introdurre un dispositivo di determinazione dello Stato competente per l'esame di una domanda d'asilo che si discosti fondamentalmente dalla convenzione di Dublino. Come è stato segnalato dalla Commissione nella comunicazione al Consiglio e al Parlamento europeo "Verso una procedura comune in materia di asilo e uno status uniforme e valido in tutta l'Unione per le persone alle quali è stato riconosciuto il diritto di asilo" (COM (2000) 755 del 22.11.2000)[144], un sistema fondato su principi diversi potrebbe probabilmente essere realizzato soltanto nel contesto dell'instaurazione di una procedura comune e di uno status uniforme, vale a dire soltanto in una fase ulteriore."

Quindi la stessa Commissione riconosce che il principio del primo Stato membro di ingresso potrebbe essere abbandonato una volta che le procedure di esame delle domande, l'attribuzione della qualifica di rifugiato o protetto sussidiario, le condizioni di accoglienza siano armonizzati fra gli Stati membri. Probabilmente il momento potrebbe esser giunto visto che dal 2001 ad oggi sono intervenute per le procedure, per l'accoglienza e per le qualifiche, ben due successive versioni di Direttive più stringenti che lasciano meno margini agli Stati

---

[144] https://eur-lex.europa.eu/legal-content/IT/TXT/PDF/?uri=CELEX:52000DC0755&from=IT

membri. In più, sono sul tavolo del Consiglio e del Parlamento, altre tre proposte della Commissione che, per l'accoglienza, con una nuova Direttiva e per "procedure" e "qualifiche", addirittura con regolamenti direttamente applicativi, in pratica unifica i sistemi del riconoscimento della protezione internazionale in tutti gli Stati membri.

Ovviamente ciò non limiterebbe il cd. *asylum shopping*, ma esso non è provocato – come sostiene la Commissione – dal diverso trattamento che gli Stati membri riservano alle domande di protezione, bensì dalle diversità economiche strutturali, dalle diverse prospettive di lavoro dai servizi che gli Stati membri offrono ai loro concittadini così come agli asilanti. Ma questo esula dal campo dell'asilo e non deve essere preso in considerazione come causa di *asylum shopping*.

2) **Proposta del Parlamento europeo.**

Come è noto, il Parlamento europeo è contrario al principio cardine della competenza del primo Stato membro di ingresso a conoscere della domanda di protezione internazionale.

Questo orientamento è stato espresso chiaramente nella Risoluzione del 12 aprile 2016 [P8_TA-PROV(2016)0102][145] ove il Parlamento osserva *"che il funzionamento del regolamento Dublino III ha fatto nascere molti interrogativi riguardo all'equità e alla solidarietà nella determinazione dello Stato membro competente per l'esame di una domanda di protezione internazionale; rileva che il sistema attuale non tiene sufficientemente conto della particolare pressione migratoria a cui sono sottoposti gli Stati membri situati ai confini esterni dell'Unione; ritiene che gli Stati membri debbano ammettere le difficoltà attualmente esistenti riguardo alla logica di Dublino e che l'Unione dovrebbe sviluppare opzioni di solidarietà sia tra gli Stati membri che tra i migranti interessati;".*

Inoltre: *"fa presente che una possibile opzione per una revisione di fondo del sistema di Dublino consisterebbe nell'istituire una raccolta centralizzata delle domande a livello di Unione – considerando ciascun richiedente asilo come una persona che cerca asilo nell'Unione, vista come un tutto unico, e non in un singolo Stato membro – e nell'istituire un sistema centrale per l'attribuzione della competenza per tutti coloro che chiedono asilo nell'Unione; suggerisce che tale sistema potrebbe prevedere determinate soglie per Stato membro relative al numero degli arrivi, il che potrebbe probabilmente contribuire a disincentivare i*

---

[145] http://www.europarl.europa.eu/doceo/document/TA-8-2016-0102_IT.pdf?redirect

movimenti secondari, dal momento che tutti gli Stati membri parteciperebbero pienamente al sistema centralizzato e non avrebbero più una competenza individuale per l'assegnazione dei richiedenti ad altri Stati membri; ritiene che tale sistema potrebbe funzionare sulla base di un certo numero di punti di crisi ("hotspot"), a partire dai quali dovrebbe aver luogo la distribuzione nell'Unione;

sottolinea che qualunque nuovo sistema per la determinazione della competenza dovrà tener conto dei concetti chiave di unità familiare e di interesse superiore del minore". Infine, osserva *"che attualmente gli Stati membri riconoscono le decisioni in materia di asilo adottate da altri Stati membri solo quando sono negative; ribadisce che il riconoscimento reciproco da parte degli Stati membri delle decisioni positive in materia di asilo costituisce un passo logico verso la corretta attuazione dell'articolo 78, paragrafo 2, lettera a) TFUE, il quale prevede "uno status uniforme in materia di asilo (...) valido in tutta l'Unione"*

Come è evidente, il principio cardine viene completamente stravolto in senso a noi più favorevole.

Dublino IV: come è finita.

La discussione su Dublino IV non è certo finita. Un importante evento è accaduto. Il Parlamento europeo con la sua posizione molto più aperta, ha praticamente ridotto ai minimi termini il principio cardine della responsabilità dello Stato membro. Nel novembre 2017[146], il Parlamento Europeo ha assunto la sua posizione sul testo proposto dalla Commissione[147], emendandolo nel senso che:

- Gli stati membri devono accogliere la propria quota di richiedenti asilo
- Il Primo Paese d'arrivo non sarà più automaticamente responsabile per il trattamento delle domande d'asilo
- I Paesi che si rifiutano potrebbero perdere fondi UE

Dalla nota potete risalire al testo approvato dal Parlamento[148].

Come si vede dalla scheda "i richiedenti che hanno familiari in un determinato Stato membro o legami con lo stesso, poiché per esempio ci hanno abitato o studiato in precedenza, sono assegnati a tale Stato membro. I richiedenti che non hanno legami di questo tipo con uno specifico Stato membro sono ricollocati tramite il meccanismo correttivo di assegnazione. Il sistema di ricollocazione sostituisce pertanto il precedente "criterio di riserva" dello Stato membro di primo ingresso. Esso si applica in ogni momento, non solo in periodi di crisi, e non presenta le soglie suggerite dalla Commissione europea".

---

[146] http://www.europarl.europa.eu/news/it/press-room/20171115IPR88120/dublino-paese-di-arrivo-non-piu-automaticamente-responsabile-per-domande-asilo
[147]

http://www.europarl.europa.eu/pdfs/news/expert/background/20171019BKG86403/20171019BKG86403_en.pdf
[148] http://www.europarl.europa.eu/doceo/document/A-8-2017-0345_IT.html?redirect#title1

E i richiedenti che non hanno un particolare legame con uno con uno specifico Stato membro saranno soggetti alla ricollocazione. A condizione che si sia registrato nello Stato membro di primo ingresso nell'Unione, un richiedente avrà la possibilità di scegliere tra i quattro Stati membri che abbiano ricevuto il numero più basso di richiedenti in rapporto alla loro quota equa. Poiché questi Stati membri "con il numero più basso" cambieranno costantemente man mano che si procederà alla registrazione dei richiedenti nel sistema, non sarà possibile per un richiedente conoscere i quattro Stati membri disponibili per la scelta nel momento in cui deciderà di chiedere protezione in Europa. Il sistema non dovrebbe quindi costituire un "fattore di attrazione", ma la scelta limitata darà al richiedente, in qualche misura, voce in capitolo nella procedura e dovrebbe così ridurre il rischio di movimenti secondari.

I richiedenti potranno inoltre registrarsi come gruppi di 30 persone al massimo. La registrazione in gruppo non darà diritto ai richiedenti di chiedere protezione in un paese specifico, come per esempio nel caso dei legami familiari, ma consentirà ai richiedenti che abbiano formato legami stretti prima di lasciare il paese d'origine o durante il viaggio di restare insieme e di essere trasferiti nello stesso Stato membro. Anche in questo modo si dovrebbero ridurre i rischi di movimenti secondari.

La possibilità di scegliere tra i quattro Stati membri con il numero più basso di richiedenti in rapporto alla quota equa e quella di essere ricollocato in gruppo si applicano soltanto qualora il richiedente si registri nello Stato membro di primo ingresso.

La quota equa di ciascuno Stato membro nel sistema di ricollocazione è calcolata sulla base del PIL e della popolazione. In questo modo si garantisce che ai paesi più grandi e più ricchi spetti una quota maggiore rispetto a quelli più piccoli e meno ricchi. I richiedenti saranno trasferiti attraverso il sistema correttivo di assegnazione negli Stati membri che abbiano ricevuto un numero di richiedenti inferiore alla loro quota equa.

Il Parlamento europeo ritiene che le spese di accoglienza per i richiedenti durante la fase di Dublino delle procedure debbano essere a carico del bilancio dell'UE, così da non imporre un onere iniquo agli Stati membri che dovranno eseguire un gran numero di tali procedure. Il Parlamento è inoltre del parere che la responsabilità del trasferimento dei richiedenti a seguito di decisioni a norma del regolamento di Dublino debba essere trasferita all'Agenzia dell'Unione europea per l'asilo.

Una rivoluzione copernicana nel senso più volte auspicato dall'Italia approvata con 390 voti in favore, 175 voti contrari e 44 astensioni. Dalla scheda del Parlamento[149] si evince anche che i deputati italiani eletti con la Lega e con il Movimento Cinquestelle non hanno votato a favore delle modifiche[150].

La posizione del Parlamento, secondo i Trattati andrà negoziata con la Commissione e il Consiglio. Ovviamente la posizione del Parlamento piace molto poco agli Stati membri che non sono soggetti a grandi flussi di migranti o che ne sopportano solo il "peso netto", ossia un flusso composto solo da persone che hanno alta possibilità di ottenere protezione internazionale, liberandosi, così, del grosso peso delle espulsioni.

Uno stop pressoché definitivo alla riforma nel senso voluto dal Parlamento, dopo la bocciatura di una inaccettabile "proposta di compromesso" della Bulgaria[151], è venuto proprio dal Consiglio europeo del 28 e 29 giugno 2018. Il Consiglio ha approvato all'unanimità, quindi anche con il voto favorevole dell'Italia, che vedeva la prima uscita a Bruxelles del neo-premier Giuseppe Conte, nelle "Conclusioni" (punto 12)[152] che l'approvazione delle modifiche del Regolamento di Dublino andrà fatta **"per consenso"**, anziché a maggioranza. Nel linguaggio

---

[149] http://www.europarl.europa.eu/doceo/document/A-8-2017-0345_IT.html?redirect#title1

[150] https://www.ansa.it/europa/notizie/rubriche/elementiHP/2017/10/19/-migranti-da-parlamento-ue-primo-via-libera-a-riforma-dublino-_7ccd758a-edcd-4c8b-b6fd-10f413ac3a87.html

[151] https://www.ilpost.it/2018/05/05/riforma-dublino-migranti-bulgaria/

[152] https://data.consilium.europa.eu/doc/document/ST-9-2018-INIT/it/pdf

burocratico dell'Unione, la procedura "**per consenso**[153]" si ha quando il Presidente propone qualcosa e nessuno si oppone, equivale, quindi all'unanimità. Pietra tombale sulle eventuali modifiche al Regolamento, almeno nel senso sperato dall'Italia.

Come ho già riferito, il nuovo Presidente del Parlamento europeo, David Sassoli[154], ha promesso che un faro della sua azione sarà la modifica del Regolamento di Dublino[155]. Vedremo.

---

[153] https://st.ilsole24ore.com/art/mondo/2015-09-23/il-sistema-voto-consiglio-dell-unione-europea-171828.shtml?uuid=ACoE5D3
[154] https://it.wikipedia.org/wiki/David_Sassoli
[155]
https://www.repubblica.it/politica/2019/07/03/news/elezione_presidente_parlamento_europeo-230213513/

Proposta di Regolamento "Procedure"

La nuova proposta della Commissione [COM(2016)467][156] presenta parecchie novità rispetto alla vigente Direttiva 2013/32/UE[157] che intende abrogare. Innanzitutto cambia lo strumento, Regolamento e non più Direttiva, quindi disposizioni precettive intese non già ad armonizzare, bensì ad uniformare la normativa degli Stati membri.

Inammissibilità e manifesta infondatezza.

Del doppio esame, e del connesso pericolo di allungare ed appesantire la procedura dovuto alla preventiva verifica dell'ammissibilità abbiamo già parlato. L'articolo 36 si occupa di definire quando una domanda di protezione è inammissibile:

1) quando un Paese terzo può essere considerato per il richiedente Paese di Primo asilo, ossia quando il richiedente vi ha già goduto di protezione (Ginevra o equivalente) e può ancora goderne (art. 44);

2) quando un Paese terzo può essere considerato per il richiedente Paese terzo sicuro, ossia se lì non sussistono per il richiedente minacce alla sua vita o alla sua libertà o pericolo di danno grave,

---

[156] https://eur-lex.europa.eu/resource.html?uri=cellar:2c404d27-4a96-11e6-9c64-01aa75ed71a1.0014.02/DOC_1&format=PDF

[157] https://eur-lex.europa.eu/legal-content/IT/TXT/?qid=1486549795520&uri=CELEX:32013L0032

così come definiti dalla Direttiva "qualifiche" 2011/95/UE[158] (e, se approvato, dal nuovo regolamento "Qualifiche" [COM(2016)466][159], se è rispettato il principio del non refoulement (art. 45);

3) quando la domanda è reiterata e non sono emersi elementi nuovi;

4) quando la domanda è presentata da un membro della famiglia dopo che questi abbia acconsentito alla presentazione di una domanda a suo nome.

Anche se nel testo della proposta è precisato che questi criteri si applicano a condizione che sia "evidente che..." (la condizione si verifichi), nella pratica sarà il richiedente che dovrà dimostrare di non trovarsi nelle condizioni suddette.

Non per inammissibilità, ma per "manifesta infondatezza" viene respinta la domanda di protezione di chi proviene da un "paese di origine sicuro". L'articolo 47 dispone circa la possibilità di designare **Paesi terzi come Paese di origine sicuro** e ne disegna le caratteristiche. La designazione (art. 48) è di regola fatta dall'Unione europea che, già in questa proposta, designa l'Albania, la Bosnia-Erzegovina, la Macedonia, il Kosovo, il Montenegro, la Serbia e la Turchia come Paesi di origine sicuri.

Tale lista – anche quando dovremo adottare tale causa di "manifesta infondatezza" non è di alcun aiuto per l'Italia in quanto dai Paesi che fanno parte della lista non arriva alcun richiedente protezione.

La proposta di Regolamento permette anche agli Stati membri – per un periodo di 5 anni dalla sua entrata in vigore – di mantenere o introdurre una lista nazionale di Paesi di origine sicuri.

---

[158] https://eur-lex.europa.eu/legal-content/IT/TXT/PDF/?uri=CELEX:32011L0095&from=IT
[159] https://eur-lex.europa.eu/legal-content/IT/TXT/?qid=1486551281729&uri=CELEX:52016PC0466

La proposta è ancora in fase di negoziazione e lo sarà almeno fino a che gli organi della Commissione non saranno rinnovati dopo le elezioni del 26 maggio 2019.

Un piccolo risultato che si è (provvisoriamente) raggiunto nel corso della discussione è la facoltatività del doppio esame di ammissibilità e di merito.

Procedure particolari.

Essendo ora obbligatorie, la proposta di Regolamento specifica meglio le procedure particolari da adottarsi quando la domanda di protezione non appare, a vista, fondata.

- L'autorità accertante **ha l'obbligo di accelerare la procedura (art.40)** e di concluderla **entro due mesi** quando la domanda solleva questioni non pertinenti alla richiesta di protezione; quando il richiedente ha rilasciato dichiarazioni palesemente false o contraddittorie o improbabili sul Paese di origine; quando ha prodotto documenti o informazioni false; quando la domanda è posta al solo scopo di evitare una espulsione già decisa o imminente; quando un Paese terzo può essere considerato Paese di origine sicuro, quando il richiedente può essere considerato un pericolo per l'ordine pubblico o la sicurezza nazionale; quando non rispetti alcuni obblighi imposti dal Regolamento di Dublino IV, quando la domanda è reiterata ed è così insussistente o impropria da non avere prospettive concrete di successo.

- Il termine di **due mesi** è abbreviato a **otto giorni** nel caso di domanda proposta al solo scopo di ritardare l'espulsione.

- **Le procedure di frontiera, da espletare entro quattro settimane (art. 41), rimangono facoltative.** Tali procedura non sono mai state applicate in Italia in quanto comportano l'obbligatorio stazionamento dei richiedente in prossimità della frontiera di ingresso [principalmente Sicilia] con l'impossibilità di distribuire i richiedenti sul territorio nazionale.

- Per le **domande reiterate** (art. 42), (la proposta di regolamento considera qualsiasi domanda fatta da uno stesso richiedente in un qualsiasi Stato membro dopo che una sua precedente domanda è stata respinta) **è obbligatorio un esame preliminare** per stabilire se esistano nuovi elementi che innalzerebbero in modo significativo le possibilità di un esito positivo. Se sì, viene avviata una nuova procedura di esame. In caso contrario la **domanda reiterata viene respinta per inammissibilità** o per manifesta infondatezza. In quest'ultimo caso, fatto salvo il principio del *non refoulement*, lo Stato può derogare dalle prescrizioni dell'articolo 54 prevedendo una eccezione al diritto di rimanere sul territorio [non sospensività dell'impugnazione]. Ricordo che se uno Stato membro decide su una domanda di protezione, esso resta competente per tutte le ulteriori domande presentate dallo stesso richiedente, anche se questi, nel frattempo, ha abbandonato il territorio dell'Unione europea. (art. 3, comma 5, della proposta di Regolamento Dublino IV).

Nella procedura "normale", come nella Direttiva 2013/32/UE[160], il termine rimane fissato in sei mesi con possibilità di eccezioni nei casi più complessi.

---

[160] https://eur-lex.europa.eu/legal-content/IT/TXT/?qid=1487764377272&uri=CELEX:32013L0032

Presentazione della domanda e sue conseguenze.

Alcune altre novità della proposta fanno supporre che un nuovo sentimento di disfavore aleggi ora nei documenti della Commissione per i richiedenti protezione.

Fin ora, è lasciata alla libera di scelta di ogni singolo Stato membro le modalità di introduzione della domanda e dell'autorità competente a riceverla. La nuova proposta (art. 7) rinvia, per le modalità di presentazione della domanda all'art.4 della proposta di regolamento "Dublino IV". Non si capisce il senso del rinvio, visto che le modalità di presentazione della domanda sono poi esplicitate nel prosieguo della proposta di Regolamento "procedure", se non – forse - per ribadire la unicità del procedimento nella fase dell'esame preventivo dell'ammissibilità.

La novità è costituita dalla separazione fra "domanda di protezione internazionale" (art. 25) e formalizzazione della medesima domanda (art. 28).

Le differenze rispetto alla normativa vigente e fra le due fattispecie non sono di poco conto.

Si ha domanda di protezione internazionale (art.25) quando il cittadino di un Paese terzo manifesta la sua volontà di ottenere protezione agli agenti di polizia o ad altre persone incaricate di ricevere tale manifestazione che devono registrarla entro tre giorni;

La domanda – è questa la novità introdotta dall'articolo 28 – deve essere formalizzata davanti all'autorità competente entro 10 giorni lavorativi a decorrere dalla data in cui la essa è stata presentata.

La domanda "formalizzata" dovrà contenere tutti gli elementi in possesso del richiedente e che saranno valutati da chi dovrà decidere sul riconoscimento o meno della protezione.

Particolarmente pesanti sono le conseguenze del mancato inserimento delle informazioni necessarie da parte del richiedente. L'articolo 7 della proposta di regolamento fa discendere dalla mancata comunicazione delle informazioni necessarie e, più in generale, dalla mancanza di collaborazione, il respingimento della domanda per "ritiro implicito".

Egualmente si presume il ritiro implicito della domanda se il richiedente rifiuta il rilascio delle impronte digitali od il fotosegnalamento o non presenta la "domanda formalizzata" entro i dieci giorni, quando non compare al colloquio personale, quando ha abbandonato la residenza comunicata o assegnatagli, quando ha violato più volte gli obblighi di comunicazione (art. 39).

Allo Stato membro, la proposta di Regolamento chiede che il richiedente abbia l'effettiva possibilità di presentare la "domanda formalizzata", quindi di assolvere all'obbligo di informazione e di mettere in contatto il richiedente con chi (associazioni o altro) possa aiutarlo nell'incombenza.

Come si vede, la nuova proposta contiene maggiori oneri e obblighi per i richiedenti protezione.

Impugnazione

Le procedure di **impugnazione** sono dettagliatamente descritte dalla proposta di Regolamento. Il "denegato" ha sempre diritto ad un ricorso effettivo davanti ad un giudice qualsiasi sia la motivazione dell'esito negativo della procedura amministrativa.

Diversi sono però i termini per l'impugnazione (art.53): **una settimana** nel caso di domanda respinta per inammissibilità o per manifesta infondatezza; **due settimane** nel caso di decisione negativa per inammissibilità, ritiro esplicito o implicito, nel caso di domanda respinta per infondatezza o manifesta infondatezza adottata con procedura accelerata o procedura di frontiera o mentre il richiedente è in stato di trattenimento; **un mese** nel caso di diniego per infondatezza della domanda.

Come nella precedente Direttiva, **l'impugnazione ha effetto sospensivo** (art. 54) del provvedimento impugnato in primo grado per le decisioni negative prese per infondatezza della domanda. Analogamente a quanto disposto nella Direttiva 32/2013/UE[161], se la domanda è state respinta per manifesta infondatezza o per infondatezza in procedura accelerata o di frontiera, oppure per inammissibilità (primo paese di asilo o domanda reiterata), oppure per ritiro esplicito o implicito, l'effetto sospensivo non è automatico, bensì rimesso, su istanza del richiedente, al giudice che decide sulla sospensione entro un mese.

La successiva impugnazione della decisione negativa del primo grado non ha effetto sospensivo salvo che il giudice disponga diversamente, **entro un mese**, dall'ulteriore impugnazione (art.54, comma 5).

---

[161] https://eur-lex.europa.eu/legal-content/IT/TXT/?qid=1487092002508&uri=CELEX:32013L0032

La proposta di regolamento **dispone** (art. 55) anche la **durata del primo grado di impugnazione**. Il giudice deve decidere nel merito **entro sei mesi** in caso di domanda respinta per infondatezza o nel caso di revoca dello status. Deve decidere **entro due mesi** nel caso di decisione che respinge la domanda per inammissibilità, ritiro esplicito o implicito oppure per infondatezza o manifesta infondatezza, oppure adottata con procedura accelerata, procedura di frontiera o se il richiedente è trattenuto. **Entro un mese** per domanda reiterata respinta per inammissibilità o per manifesta infondatezza. **Difficile sarà, nel nostro ordinamento, imporre al magistrato il rispetto di tali termini.**

Trattenimento

Come nella attuale versione del "pacchetto asilo", il trattenimento del richiedente asilo è disciplinato in un altro strumento nella proposta di Direttiva sulle condizioni di accoglienza [COM(2016)465][162]. Le condizioni per poter trattenere un richiedente asilo sono in pratica quelle descritte nella Direttiva 2013/33/EU[163] alle quali (art. 8) ne sono state aggiunte due: quando il richiedente non rispetta gli obblighi giuridici di risiedere (art. 7,comma 2) in un determinato luogo imposto per pubblico interesse, ordine pubblico, per il trattamento rapido e il controllo efficace della domanda di protezione o per l'efficace svolgimento delle procedure Dublino; oppure nell'ambito delle cd. "procedure di frontiera".

Ma la Commissione, con una Raccomandazione del 7 marzo scorso [C(2017)1600 final][164] suggerisce un uso molto più diffuso e pregnante del trattenimento (vedi *infra*)

Riesame

La rifusione della direttiva "qualifiche", la 2011/95/UE[165], avvenuta nel 2011 era intesa ad equiparare lo status di "protetto sussidiario" a quello di rifugiato. Ora la Commissione ritorna sui suoi passi. L'articolo 51 della proposta "procedure" richiama gli articoli 15 e

---

[162] https://eur-lex.europa.eu/legal-content/IT/TXT/?qid=1486570863692&uri=CELEX:52016PC0465
[163] https://eur-lex.europa.eu/legal-content/IT/TXT/?qid=1486570962049&uri=CELEX:32013L0033
[164] http://data.consilium.europa.eu/doc/document/ST-6949-2017-INIT/it/pdf
[165] https://eur-lex.europa.eu/legal-content/IT/TXT/?uri=CELEX%3A32011L0095

21 della proposta di Regolamento "qualifiche" [COM(2016)466][166]. Essi prevedono l'obbligo per gli Stati membri di riesaminare la situazione del beneficiario di protezione internazionale non solo quando mutano le condizioni che hanno portato al suo riconoscimento, ma anche a scadenze fisse: al momento del primo rinnovo (tre anni) per il rifugiato e al momento del primo (un anno) e del secondo (due anni) rinnovo del permesso di soggiorno.

Quindi la posizione del rifugiato e del beneficiario di protezione sussidiaria viene diversificata.

Delle conseguenze di questo nuovo scadenzario del riesame si parlerà più diffusamente in sede di esame della proposta di Regolamento "qualifiche" anche se – pare - che nel corso dei tavoli negoziali in corso a Bruxelles quest'obbligo di riesame sia caduto.

---

[166] https://eur-lex.europa.eu/legal-content/IT/TXT/?qid=1486551281729&uri=CELEX:52016PC0466

Punti di criticità per l'Italia.

– **Procedura separata per l'ammissibilità della domanda**. Si ci è già soffermati sulla novità. Lo Stato membro ove è stata presentata la domanda di protezione deve, per prima cosa, decidere sull'ammissibilità della domanda e l'esame deve concludersi entro un mese ed è autonomamente impugnabile. Nel caso, quindi, la Commissione territoriale deve convocare il richiedente per il colloquio sull'ammissibilità e decidere su di essa. Il richiedente può impugnare l'esito negativo ed in caso sentenza a lui favorevole, la Commissione deve riconvocarlo per l'esame del merito la cui decisione è a sua volta impugnabile. Se il giudizio separato sull'ammissibilità vuol essere un tentativo di abbreviare le procedure e i costi dell'accoglienza, l'effetto sortito sarà esattamente l'opposto. Si avranno, per ogni domanda due distinte e separate procedure, ognuna con il suo colloquio, la sua decisione e la possibile impugnazione. Molto meglio sarebbe non indicare un termine massimo per la procedura di ammissibilità, ma chiedere che nell'unico colloquio si valuti prima l'ammissibilità e poi il merito con decisione unica.

– **Interazione fra giudizio di ammissibilità e proposta di Regolamento di Dublino IV**. L'articolo 3, comma 3, della nuova proposta di Regolamento cd. Dublino IV inverte la procedura da seguire, imponendo allo Stato membro in cui è presentata la domanda di protezione di valutare, prima dei criteri sulla competenza dello Stato membro ad esaminare la domanda, se essa sia ammissibile o meno. Ciò comporta, almeno nel nostro ordinamento, l'alternarsi di due autorità. Prima la Commissione territoriale deve pronunciarsi sull'ammissibilità della domanda poi, se essa è ammissibile, la parola passa all'Unità Dublino (art. 3, comma 3, Dec.Leg.vo 28/01/2008 n. 25) per l'esame dei criteri sulla competenza e poi, se la competenza è dell'Italia, nuovamente alla Commissione Territoriale con evidente spreco di risorse e di tempo. A legislazione vigente, in sede di prima registrazione della domanda e prima che sia avviata la procedura dinnanzi alla Commissione territoriale, se emergono sintomi che un altro Stato membro sia competente all'esame della domanda, l'Unità Dublino accerta quale sia lo Stato membro competente, mentre l'esame dinnanzi alla Commissione territoriale rimane sospeso.

— **Concetti di Paese di Primo asilo (art 44), Paese terzo sicuro (art. 45) e Paese di origine sicuro (art. 47).** Un Paese può esser designato, a livello nazionale, Paese terzo di primo asilo se il richiedente vi ha trovato già protezione in virtù della Convenzione di Ginevra ovvero per una serie di condizioni, anche opinabili, il cui accertamento è affidato al Paese che sta valutando la domanda di protezione. Non esisterà, quindi, una lista unica a livello europeo, la qual cosa aumenterà il rischio dello cd. *Asylum shopping*, ossia della scelta del Paese dove dirigersi per presentare la richiesta di protezione. Analoghe considerazioni valgono per il Paese terzo sicuro ed il Paese di Origine sicuro. Qui la lista dovrebbe essere unica a livello dell'Unione, ma l'art. 50 della proposta di regolarmente consente, per un periodo di cinque anni, dall'entrata in vigore del Regolamento, agli Stati membri di porre in essere o di mantenere una lista di Paesi sicuri nazionale.

Proposta di Regolamento "Qualifiche"

La proposta di Regolamento COM(2016)466[167] cd. "Qualifiche", non presenta particolari differenze rispetto alla Direttiva 2011/95/UE[168] che intende sostituire salvo **una impostazione più rigorosa** visto che il suo fine non è armonizzare ma unificare le normative nazionali.

Le principali novità riguardano restrizioni alle facoltà concesse ai richiedenti e ai beneficiari che, però, comportano allungamento delle procedure e nuovi adempimenti per gli Stati membri.

Una preoccupazione che si pone l'estensore è impedire che chi abbia avuto un titolo per soggiornare in uno degli Stati membri possa compiere movimenti secondari stabilendosi in un secondo stato membro approfittando della scomparsa delle frontiere interne.

Il Regolamento precisa, infatti, all'articolo 29, che **i beneficiari** di protezione internazionale **non hanno diritto di soggiornare in uno Stato membro diverso da quello che ha concesso la protezione**. Se il beneficiario viene sorpreso senza titolo (presenza oltre 90 gg) in un altro Stato membro, la proposta di Regolamento dispone che si applichi, con tutti i relativi termini e modalità, la procedura di ripresa in carico prevista dall'articolo 20.1, c) della proposta di regolamento Dublino IV.

Analogamente, per impedire che il beneficiario, in attesa di compiere il quinquennio necessario per poter ottenere il permesso di

---

[167] https://eur-lex.europa.eu/legal-content/IT/TXT/?qid=1486551281729&uri=CELEX:52016PC0466
[168] https://eur-lex.europa.eu/legal-content/IT/TXT/?qid=1487761045891&uri=CELEX:32011L0095

soggiorno UE per **soggiornanti di lungo periodo,** vaghi per l'UE, l'articolo 44 della proposta si preoccupa di modificare l'articolo 4 della Direttiva 2003/109/UE[169] [long term resident] disponendo che se egli sia individuato in un altro Stato membro privo del diritto di soggiornarvi, il periodo di tempo valido per il conseguimento del permesso di soggiorno per lungosoggiornanti si azzera e comincia a decorrere da capo.

E' una evidente **passo indietro** dall'apertura della Direttiva 2011/51/UE[170] che – finalmente – dava la possibilità ai beneficiari di protezione internazionale di ottenere lo status di "lungosoggiornanti" previsto dalla Direttiva del 2003, unico mezzo per poter stabilirsi in uno Stato membro di verso da quello che aveva loro concesso lo status.

La maggior rigidità della proposta di Regolamento si rileva anche dal concetto di "**protezione interna**", ossia la valutazione della sicurezza, per il richiedente, di una parte del Paese di origine (art.8). Il concetto è identico a quello già descritto dalla Direttiva 2011/95/UE[171] che la proposta in esame intende sostituire. Ma nella Direttiva era una "**may provision**"; nella Direttiva era previsto che "Gli Stati membri possono stabilire…"; nella proposta di Regolamento "l'autorità accertante stabilisce…"; è quindi un **passaggio obbligatorio.**

Ma dove la proposta di Regolamento raggiunge il massimo della rigidità e, nel contempo, la massima complicazione per gli Stati membri con il moltiplicarsi delle procedure, è nel combinato disposto degli articoli 15, 21 e 26 ove vengono trattati il **riesame dello status e la durata del permesso di soggiorno.**

Nella Direttiva 2011/51/UE[172] la cessazione dello status è disciplinata insieme alla revoca o rifiuto del rinnovo (art.14 e 16) come

---

[169] https://eur-lex.europa.eu/legal-content/IT/TXT/?qid=1486573173164&uri=CELEX:32003L0109
[170] https://eur-lex.europa.eu/legal-content/IT/TXT/?qid=1486573300063&uri=CELEX:32011L0051
[171] https://eur-lex.europa.eu/legal-content/IT/TXT/?uri=CELEX%3A32011L0095
[172] https://eur-lex.europa.eu/legal-content/IT/TXT/?qid=1486573300063&uri=CELEX:32011L0051

venir meno delle cause che ne abbiano giustificato il riconoscimento e, comunque, essa non è procedimentalizzata. Nella medesima Direttiva, l'articolo 26, dispone che al rifugiato viene rilasciato un permesso di soggiorno rinnovabile non inferiore a tre anni e che al beneficiario di protezione sussidiaria un permesso di soggiorno, rinnovabile, non inferiore nel primo rilascio ad un anno ed a due nel secondo rilascio. Nulla viene disposto sulla durata massima.

La proposta di regolamento in esame (art. 15) dispone che l'Organo accertante (in Italia la Commissione Territoriale) **dispone il riesame dello status** di rifugiato qualora le informazioni sul paese di origine abbiano sostanziali mutamenti favorevoli al rifugiato e, comunque, **al momento del primo rinnovo** del permesso di soggiorno. Analogamente per i "protetti sussidiari" la proposta di regolamento dispone (art.21) il riesame della condizione di protetto, oltre al mutamento delle condizioni del Paese di origine, anche **al primo e al secondo rinnovo del permesso di soggiorno**.

L'articolo 26 dispone che al rifugiato venga rilasciato un permesso di soggiorno di validità triennale, rinnovabile per periodi **di tre anni**. Al "protetto sussidiario", invece il permesso di soggiorno è di **un solo** anno, rinnovabile, poi, per periodi di due anni; (attualmente in Italia, per entrambe le categorie, è rilasciato un permesso di soggiorno della durata di cinque anni).

Pare che durante la discussione si ci sia resi conto della complicazione e i termini siano stati allungati.

La proposta è ancora in discussione e lo sarà fino a che non saranno rinnovati gli organi della Commissione dopo le elezioni del 26 maggio 2016

Criticità per l'Italia

La principale criticità per il nostro Paese – se non sarà depennata nel corso dei negoziati a Bruxelles - è il pesante aggravio di lavoro, probabilmente non sopportabile, della, o delle strutture, deputata/e al riesame periodico della situazione dei protetti internazionali dovuto alla sua obbligatorietà, così come descritta nel capitoletto precedente.

Se si pone attenzione a quanto dispone l'articolo 26 della citata proposta di Regolamento "Qualifiche" che riduce dagli attuali cinque anni a tre anni il permesso di soggiorno rilasciato ai rifugiati e ad un anno (rinnovabile per due) quello rilasciato ai beneficiari di protezione sussidiaria, ben si comprende che il lavoro della "autorità accertante" subirà un incremento esponenziale rimettendo in procedura ogni protetto almeno fino al secondo rinnovo del permesso di soggiorno.

Oltre alla riflessione che il periodo di un anno è un periodo oggettivamente troppo breve perché cambino le condizioni che hanno dato luogo alla protezione, bisognerà inoltre chiarire nel nostro ordinamento quale organo sarà competente per il riesame. Gli articoli 5, 33 e 34 del Decreto legislativo 28/01/2008 n. 25[173] attribuiscono alla Commissione Nazionale per il diritto di Asilo la competenza per la revoca

---

[173]

https://www.normattiva.it/atto/caricaDettaglioAtto?atto.dataPubblicazioneGazzetta=2008-02-16&atto.codiceRedazionale=008G0044&queryString=%3FmeseProvvedimento%3D%26formType%3Dricerca_semplice%26numeroArticolo%3D%26numeroProvvedimento%3D25%26testo%3D%26annoProvvedimento%3D2008%26giornoProvvedimento%3D&currentPage=1

della protezione internazionale, ma nulla dispongono sul riesame periodico della permanenza delle condizioni per mantenere tali status.

Che succede nel 2017.

Dalla "chiusura" della rotta balcanica con l'accordo con la Turchia, l'Italia – in tutte le sedi europee – ha sempre sostenuto, a ragione, di esser stata lasciata sola a gestire l'altro imponente flusso di profughi/richiedenti protezione, quello che dal nord Africa, al 90% dalla Libia, tende ad arrivare sulle coste meridionali italiane. Ho detto "tende" perché ormai gli sbarchi sulle coste sono praticamente un ricordo. Un ricordo, però, che in questa estate 2019, tende a riproporsi con i cd. "sbarchi fantasma". Prima con l'operazione Mare nostrum[174], tutta italiana, poi con l'Operazione Triton[175] e l'Operazione Sophia[176] (EUNAVFORMED), gestite dall'Unione, le navi europee soccorrono i migranti al limitare delle acque territoriali libiche per portarli, poi, tutti nei porti italiani. L'Europa, a spese dell'Italia, ha realizzato praticamente quei corridoi umanitari che la politica non ha mai consentito di attuare.

Queste operazioni di soccorso hanno un indubbio valore morale perché salvano migliaia e migliaia di vite umane che fuggono spesso da guerre e persecuzioni, ma anche dalla fame cercando in Europa una speranza di vita nuova.

Non si può negare, però, con un po' di realismo, che le medesime operazioni di salvataggio hanno costituito un formidabile fattore di attrazione moltiplicando il numero dei migranti persuasi che il viaggio della speranza sarebbe durato non già i 280 chilometri (151 miglia) che separano le spiagge libiche da Lampedusa, ma bensì le poche miglia

---

[174] https://it.wikipedia.org/wiki/Operazione_Mare_nostrum
[175] https://it.wikipedia.org/wiki/Operazione_Triton
[176] https://it.wikipedia.org/wiki/Operazione_Sophia

necessarie ad uscire dalle acque territoriali libiche, sicuri che, oltre queste, avrebbero trovato le navi europee salvatrici.

Oltre al fattore di attrazione, appare anche probabile che una cintura ravvicinata di navi di soccorso, ma che non entra nelle acque territoriali libiche abbia provocato essa stessa dei naufragi con parecchie vittime. Infatti, prima di Mare nostrum, i trafficanti di uomini, dovevano imbarcare i migranti su barconi che, almeno in teoria, fossero in grado di tenere il mare per tutta la distanza fra le coste libiche e Lampedusa o le coste siciliane.

Ora, vista la ridotta distanza fra la partenza e le navi salvatrici, è sempre più frequente l'uso dei fragili gommoni cinesi "usa e getta" acquistati dai trafficanti a modico prezzo, via internet, su Alibaba, l'Amazon cinese che, con estremo realismo li chiamava proprio "refugee boat". Sovraccaricati da un numero di passeggeri ben oltre quello consentito e ancor più appesantiti da ulteriori e pericolosissime taniche di benzina, parecchi di questi gommoni sono affondati subito dopo la partenza provocando la morte dei passeggeri che mai, prima di allora, avevano visto il mare.

E, come abbiamo visto, le cifre degli sbarchi (più correttamente "salvataggi"), anche nel primo scorcio del 2017, sono aumentati, e di molto.

Si sperava anche, che in seguito alla risoluzione del Consiglio di Sicurezza delle Nazioni Unite 2259 del 23 dicembre 2015[177], che ammette l'intervento, anche militare[178], della comunità internazionale all'interno del territorio libico, ma su richiesta dell'appena riconosciuto Governo di al Serraj, che le navi europee potessero svolgere il loro compito anche entro le acque territoriali libiche, magari riportando i migranti a terra in un porto sicuro africano.

---

[177] https://www.un.org/en/ga/search/view_doc.asp?symbol=S/RES/2259%282015%29
[178] https://frontierenews.it/2015/12/libia-la-risoluzione-2259-riconosce-la-possibilita-di-un-intervento-internazionale/

Ma così non è stato, il fragile Governo di Fayez Al Sarraj[179] non ha mai chiesto l'intervento della comunità internazionale all'interno del territorio libico.

A gennaio 2017 qualcosa è cambiato.

Il 31 gennaio il Commissario europeo all'immigrazione Avramopulos afferma in una sede ufficiale UE che "L'Italia non sarà lasciata sola a gestire i flussi dei migranti dalla Libia[180]" promettendo ulteriori 500 milioni di euro l'anno fino al 2020, l'impegno per migliorare la rilocazione dei richiedenti protezione da Italia e Grecia e l'impegno per chiudere la rotta Mediterranea così come fu chiusa la rotta balcanica.

Il 2 febbraio 2017 il primo ministro italiano Paolo Gentiloni ed il Primo ministro libico Fayez Mustafa Al Sarraj si incontrano e sottoscrivono un memorandum di intesa[181] che impegna la Libia a contrastare il traffico illecito dei migranti e l'Italia ad un opera di assistenza, fornitura ed istruzione della polizia libica.

L'accordo richiama – al fine della loro piena attuazione - i precedenti accordi firmati fra i due Paesi, come il Trattato di Amicizia, partenariato e cooperazione firmato a Bengasi il 30 agosto 2008 (ratificato con legge 6 febbraio 2009 n. 7)[182], e prevede il finanziamento italiano per la predisposizione di campi di accoglienza per migranti in territorio libico sotto l'esclusivo controllo del ministero dell'interno libico, nonché il finanziamento, sempre italiano, per la predisposizione di sistemi di controllo della frontiere fra la Libia ed il Niger al fine di arrestare gli arrivi irregolari.

---

[179] https://it.wikipedia.org/wiki/Fayez_al-Sarraj
[180] https://www.ilsole24ore.com/art/migranti-avramopoulos-l-italia-non-e-piu-sola-AEF53aL
[181] https://www.repubblica.it/esteri/2017/02/02/news/migranti_accordo_italia-libia_ecco_cosa_contiene_in_memorandum-157464439/
[182] https://www.normattiva.it/uri-res/N2Ls?urn:nir:stato:legge:2009;7

Il memorandum cita due volte l'articolo 19 del succitato trattato di amicizia in special modo per *"il completamento del sistema di controllo dei confini terrestri del sud della Libia, secondo quanto previsto dall'articolo 19 del Trattato summenzionato"*.

L'articolo 19 in questione è l'unico articolo dell'accordo del 2008 sottoscritto dal Governo Berlusconi che tratta di collaborazione alla lotta delle migrazioni clandestine e il "quanto previsto" probabilmente si riferisce al fatto che il sistema di controllo sarà costruito da ditte italiane. L'articolo 19, infatti, così recita:

" Articolo 19 Collaborazione nella lotta al terrorismo, alla criminalità organizzata, al traffico di stupefacenti, all'immigrazione clandestina

1. Le due Parti intensificano la collaborazione in atto nella lotta al terrorismo, alla criminalità organizzata, al traffico di stupefacenti e all'immigrazione clandestina, in conformità a quanto previsto dall'Accordo firmato a Roma il 13.12.2000 e dalle successive intese tecniche, tra cui, in particolare, per quanto concerne la lotta all'immigrazione clandestina, i Protocolli di cooperazione firmati a Tripoli il 29 dicembre 2007.

2. Sempre in tema di lotta all'immigrazione clandestina, le due Parti promuovono la realizzazione di un sistema di controllo delle frontiere terrestri libiche, da affidare a società italiane in possesso delle necessarie competenze tecnologiche. Il Governo italiano sosterrà il 50% dei costi, mentre per il restante 50% le due Parti chiederanno all'Unione Europea di farsene carico, tenuto conto delle Intese a suo tempo intervenute tra la Grande Giamahiria e la Commissione Europea.

3. Le due Parti collaborano alla definizione di iniziative, sia bilaterali, sia in ambito regionale, per prevenire il fenomeno dell'immigrazione clandestina nei Paesi di origine dei flussi migratori. "

I dubbi sull'efficacia del memorandum[183] sono molti e si appuntano sulla reale autorità di al Serraj che, pare, controlli bene solo l'area portuale dove ha sede il suo Governo, non certo tutta Tripoli e le sue coste da dove partono i "refugee boat", figuriamoci il Fezzan[184] ed il confine meridionale del Paese che si estende anche sotto la Cirenaica, controllata dal Governo di Tobruk e dal Generale Haftar, benedetti da Putin.

Già con l'attentato all'ambasciata italiana del 20 gennaio 2017[185], attribuito a milizie fedeli ad Haftar si è visto quanto difficile sia la situazione per l'Italia in Libia.

E, ancora, i tribunali libici hanno impugnato l'accordo[186] per carenza di potere del firmatario libico e la stessa posizione di al Serraj non è più stabile neppure nella nuova forma di Governo ipotizzata in Libia in quanto il Comitato di pacificazione sta progettando una riorganizzazione dell'architettura istituzionale: il capo supremo della difesa non sarà più il presidente del consiglio presidenziale.

In effetti, l'accordo Gentiloni-Al Serraj i frutti li ha dati. Se nel maggio 2017 le persone sbarcate in Italia[187] erano 22.993, nel maggio 2018 (ultimo mese del Governo Gentiloni) le persone sbarcate sono drasticamente scese a 3.963.

---

[183] https://www.corriere.it/extra-per-voi/2017/01/13/golpe-putin-ruolo-dell-italia-che-succede-davvero-libia-3d64a006-d9e1-11e6-9668-96e09f069892.shtml
[184] https://it.wikipedia.org/wiki/Fezzan
[185]
https://www.repubblica.it/esteri/2017/01/26/news/libia_gli_attentatori_dell_ambasciata_d_italia_erano_due_uomini_di_haftar_-156890522/
[186] https://www.ilfattoquotidiano.it/2017/02/13/libia-giudici-amministrativi-verso-bocciatura-del-protocollo-di-intesa-con-litalia-sarraj-destinato-a-uscire-di-scena/3387630/
[187]
http://www.libertaciviliimmigrazione.dlci.interno.gov.it/sites/default/files/allegati/cruscotto_statistico_giornaliero_01-07-2019.pdf

Poi è arrivato il Governo gialloverde e la storia, fatta di decreti sicurezza, abolizione dello SPRAR, abolizione del permesso di soggiorno umanitario, lotta alle ONG è cosa nota.

Vertice di Malta

E l'Europa? L'Europa, nel 2017, continua con il suo gioco di belle parole.

Il 25 gennaio fa uscire una "Comunicazione congiunta al Parlamento Europeo e al Consiglio[188] sulla migrazione lungo la rotta del Mediterraneo centrale per la gestione dei flussi e per salvare vite umane"

La comunicazione descrive lo scenario attuale e le rotte dei migranti che partono dalla Libia. Con un "invidiabile tempismo" ritiene che sia giunto il momento di fermare questi traffici di persone anche perché mettono in pericolo la vita stessa dei migranti, ormai imbarcati su fragili gommoni.

Non essendoci ancora una richiesta di intervento sul suolo libico, la Comunicazione si limita a preservare e a prorogare la missione Sophia al di fuori delle acque territoriali libiche, individuando nella guardia costiera libica il soggetto che potrà fermare gli scafisti sotto costa.

---

[188] http://data.consilium.europa.eu/doc/document/ST-5684-2017-INIT/it/pdf

Pertanto vengono disposti rilevanti finanziamenti a favore della Guardia costiera libica: viene aggiunto 1 milione di euro al programma Seahorse[189] e di ulteriori 2,2 milioni di euro per il coordinamento fra l'Agenzia europea della Guardia Costiera e la Guardia costiera libica.

La comunicazione si preoccupa, inoltre, di stanziare altri fondi per la cooperazione con gli Stati subsahariani per la sorveglianza delle frontiere, in particolare con il Niger, fino a "mobilitare 200 milioni di euro del Fondo fiduciario dell'UE per l'Africa per progetti collegati alla migrazione relativi alla Libia".

La Comunicazione è stata sottoposta ed approvata pienamente dal Consiglio europeo informale del 3 febbraio 2017 a Malta[190]. La dichiarazione del Presidente Tusk e la dichiarazione dei membri del Consiglio europeo[191] ricalcano, pedissequamente, con l'eccezione degli elogi per il memorandum di intesa italo - libico, la Comunicazione della Commissione.

Il Consiglio europeo accoglie con favore la drastica riduzione dei flussi migratori sulla rotta balcanica e sulla rotta del mediterraneo orientale; rimarca, però, che nel corso del 2016 gli arrivi sulla rotta del mediterraneo centrale (ossia in Italia) siano aumentati fino alla cifra di 181.000 persone, praticamente tutti provenienti dalla Libia.

Occorre quindi, prosegue la dichiarazione finale del Consiglio europeo, porre ogni sforzo per "stabilizzare la situazione politica in Libia affinché le autorità di quel Paese possano acquisire il controllo delle frontiere terrestri e marittime e contrastare le attività di transito e di traffico". Sarà quindi data priorità alla formazione e al supporto della guardia costiera nazionale libica, nonché all'incremento, in quel Paese, delle capacità e delle condizioni di accoglienza adeguate per i migranti. Saranno inoltre erogati "aiuti per la riduzione delle pressioni alle frontiere terrestri della Libia, collaborando con le autorità libiche e con

---

[189] https://ec.europa.eu/italy/news/20170125_malta_migrazione_it
[190] https://www.consilium.europa.eu/it/meetings/european-council/2017/02/03/
[191] https://www.senato.it/service/PDF/PDFServer/BGT/01004751.pdf

tutti i vicini della Libia, anche sostenendo i progetti che rafforzino la loro capacità di gestione delle frontiere.

L'Unione europea garantirà le necessarie risorse finanziando progetti già in corso o in fase di elaborazione dal Fondo per l'Africa. Comunque, per tutto il 2017, come primo passo, saranno stanziati 200 milioni di euro a favore della "finestra" per l'Africa settentrionale accordando priorità a quelli concernenti la Libia.

Come si vede tante belle parole che mirano a fare della Libia la Turchia del sud, uno stato esterno all'Unione europea che – dietro lauto compenso – si preoccupa di trattenere i migranti in modo da permettere ai ricchi Stati europei di poter scegliere le persone che hanno titolo alla protezione internazionale preventivamente e fuori da loro territorio, in modo che il rimpatrio non costituisca più un problema.

Già l'accordo con la Turchia ha suscitato violente polemiche dovute alla non assoluta patente di democrazia di quel Paese che processa ed incarcera gli oppositori. Quale garanzia potrà fornire la Turchia sul trattamento dei profughi lì confinati?

Le perplessità sono moltiplicate all'ennesima potenza per un eventuale accordo con la Libia dove ancora sussistono due governi, uno sponsorizzato dalla comunità internazionale che, però controlla solo la base portuale ove ha la sua sede, e uno, forse più solido, a Tobruk, benedetto dalla Russia che riceve sulle sue portaerei il generale rivale Haftar.

Di certo il Presidente al Serraj non ha il minimo controllo né delle frontiere terrestri meridionali della Libia con il deserto piatto che la separa dal Niger né della rotta attraverso il Tassili algerino che entra direttamente a Ghat.

Viene da chiedersi a chi effettivamente andranno i soldi stanziati dall'Unione europea. Ai signori della guerra? Ai capi tribù, che in cambio ostacoleranno il passaggio dei poveri disgraziati che intraprendono il viaggio della speranza e che sono vessati, tartassati, violentati, venduti più e più volte durante il tragitto? Istruttivo in questo senso è il libro di Loretta Napoleoni "Mercanti di uomini: Il traffico di ostaggi e migranti che finanzia il Jihadismo"[192] che con chiarezza e senza giri di parole racconta questo immondo traffico che dalle rotte della droga si sposta prima ai sequestri di mercantili nella acque del corno d'Africa e poi nel ricco business dei migranti. Questi sono ora gli attori: tagliagole, criminali, bande che – secondo l'estro del momento - trascinano i migranti lungo la via o li vendono ad altre bande che, magari, li tengono sequestrati solo per chiedere un riscatto alle loro famiglie.

Riuscirà l'Unione europea a estromettere gli attuali attori e a sostituirli con altri realmente in grado di assistere, accompagnare i migranti nel loro viaggio della speranza ed accoglierli in luoghi di assistenza degni di questo nome?

Manca, in Libia, un interlocutore affidabile come manca in quasi tutta l'Africa. Circola la battuta che sei vuoi stipulare in Africa una intesa che possa reggere nel tempo, devi stipularla con i cinesi, prima forza commerciale e unico elemento di stabilità in molte zone africane.

.

---

[192] https://www.amazon.it/dp/B078WVTQNF/ref=dp-kindle-redirect?_encoding=UTF8&btkr=1

Comunicazione della Commissione per una politica dei rimpatri più efficace e Raccomandazione della Commissione per rendere i rimpatri più efficaci

Come già accennato, la Commissione, all'inizio di marzo 2017, ha presentato due nuovi documenti:

- La Comunicazione della Commissione al Parlamento europeo e al Consiglio per una politica dei rimpatri più efficace – un piano d'azione rinnovato [COM(2017)200 final][193].
- La Raccomandazione della Commissione del 7 marzo 2017 per rendere i rimpatri più efficaci nell'attuazione della Direttiva 2008/115/CE del Parlamento e del Consiglio [C(2017)1600 final][194].

La Comunicazione parte dai risultati non proprio soddisfacenti della politica dei rimpatri da parte degli Stati membri in esecuzione di

---

[193] https://ec.europa.eu/transparency/regdoc/rep/1/2017/IT/COM-2017-200-F1-IT-MAIN-PART-1.PDF
[194] http://data.consilium.europa.eu/doc/document/ST-6949-2017-INIT/it/pdf

quanto disposto dalla già citata **Direttiva rimpatri/2008/115/CE**[195]. Con l'aumentare dei flussi di richiedenti protezione e con la discesa del tasso di riconoscimento della protezione stessa, i rimpatri sono, all'inverso, diminuiti scendendo al 36,4% dei cittadini non comunitari che non hanno diritto a permanere nel territorio EU. Se, però, si sottrae a questa percentuale i rimpatri verso i Balcani occidentali, la percentuale di rimpatri effettuati scende ad un misero 27%.

Delle oggettive difficoltà a rimpatriare i non aventi diritto abbiamo già parlato e al vertice di Malta del 3 febbraio 2017 è stata sottolineata la necessità di un esame critico della politica dei rimpatri. Da ciò discende l'affermazione della Commissione che sia "necessario esaminare con pragmatismo l'applicazione della Direttiva sui rimpatri e le sue disfunzioni". In parole più chiare, la Commissione – per non smentire se stessa e la **Direttiva 2008/115/CE**[196] – nei due documenti presentati, riprende da tale Direttiva, per enfatizzarle, tutte le disposizioni che, in qualche modo, restringono le garanzie e le prerogative di chi, non avendone diritto, dovrà essere allontanato.

A questa comunicazione, rivolta al Consiglio e al Parlamento europeo, la Commissione accompagna una Raccomandazione **[C(2017)1600final]**[197] rivolta agli Stati membri in cui, praticamente, demolisce l'idea di **Tampere**[198] di uno spazio di sicurezza e giustizia comune da far godere anche a chi, da un Paese terzo, entra nel territorio UE.

La Comunicazione (della Raccomandazione parleremo dopo), al di là delle parole di circostanza volte a confermare i principi regolatori della politica dell'accoglienza di chi fugge da guerre e persecuzioni, invita gli Stati membri ad adottare azioni immediate in linea con la

---

[195] https://eur-lex.europa.eu/legal-content/IT/TXT/?qid=1490189213517&uri=CELEX:32008L0115
[196] https://eur-lex.europa.eu/legal-content/IT/TXT/?qid=1490189213517&uri=CELEX:32008L0115
[197] http://data.consilium.europa.eu/doc/document/ST-6949-2017-INIT/it/pdf
[198] http://www.europarl.europa.eu/summits/tam_it.htm

Raccomandazione **C(2017)1600 final**[199], si impegna a modificare il Manuale Schengen ed a monitorare l'attività degli Stati membri sulla sua applicazione.

La Commissione invita, inoltre, *"gli Stati membri a sfruttare immediatamente tutte le possibilità offerte dall'attuale legislazione in materia di asilo al fine di ovviare agli abusi del sistema da parte dei migranti irregolari che non necessitano di protezione internazionale. Essi dovrebbero in particolare applicare le disposizioni concernenti le procedure accelerate di asilo, il trattamento delle domande reiterate, l'effetto sospensivo non automatico dei ricorsi, in particolare per i migranti provenienti da paesi che sono ritenuti sicuri o vantano un basso tasso di riconoscimento"* citando specificamente il caso dei **nigeriani** che hanno un tasso di riconoscimento della protezione pari al solo 8%. Pertanto, sostiene la Commissione, visto che cittadini di quel Paese, nel 2016 hanno presentato più di 47.000 domande di asilo, si può supporre che, di queste, oltre 40.000 potranno esser respinte.

Il ragionamento della Commissione non è accettabile: o si dichiara la Nigeria Paese di origine sicuro per cui le domande dei nigeriani vanno tutte trattate con procedura accelerata, ovvero la supposizione del respingimento di 40.000 domande è fondata sul nulla.

La Commissione di dilunga anche sulla necessità di condividere informazioni fra gli Stati membri e sull'interscambio dei dati e sull'ovvia considerazione che il rimpatrio volontario è preferibile a quello forzoso. La considerazione è ovvia perché il principale ostacolo ai rimpatri forzosi risiede nella collaborazione dei Paesi di origine che devono "riconoscere e riaccogliere" il loro concittadino; collaborazione che ben pochi Stati terzi di origine sono entusiasti a fornire.

Per superare tale "mancanza di collaborazione" è necessario, continua la Comunicazione della Commissione, incentivare la stipula di accordi di riammissione che garantiscano (dietro congrue donazioni finanziarie e commerciali) la "ripresa in carico" dei migranti irregolari.

---

[199] http://data.consilium.europa.eu/doc/document/ST-6949-2017-INIT/it/pdf

Ma il panorama degli accordi di riammissione stipulati dall'Unione europea non è molto entusiasmante, solo 17, ma con Paesi che, almeno per l'Italia, non producono grossi flussi di migranti come Hong Kong, Macao, Montenegro, Serbia, Ucraina, Russia.... Onestamente, La Commissione riconosce che gli accordi più necessari, quelli con la Nigeria, la Tunisia, Marocco e Algeria segnano il passo oppure le trattative sono state appena avviate.

Per quel che riguarda l'impegno finanziario, la Commissione ricorda il principale strumento di finanziamento per sostenere gli Stati membri è il fondo asilo, migrazione ed integrazione (**FAMI**)[200] al quale gli Stati membri hanno assegnato, nel periodo 2014-2020, 806 milioni di Euro. Probabilmente pochini se il già citato articolo di **Vladimiro Polchi**[201] su Repubblica.it stima in 115.000 euro il costo di un rimpatrio di 29 persone dall'Italia alla Tunisia, Paese – oltretutto – con il quale l'Italia ha stipulato un accordo di riammissione.

Dove, però, il mutamento dell'indirizzo di pensiero della Commissione è molto più evidente è nella già citata "Raccomandazione della Commissione del 7 marzo 2017 per rendere i rimpatri più efficaci nell'attuazione della **Direttiva 2008/115/CE**[202] del Parlamento europeo e del Consiglio" [**C(2017)1600 final**][203] (di seguito solo "Raccomandazione").

Per rendere evidente tale mutamento basta confrontarne il testo non già con la Direttiva 2008/115/CE (di seguito solo "Direttiva rimpatri"), che è un compromesso fra il pensiero della Commissione, del Consiglio e del Parlamento europeo, bensì con la proposta originaria

---

[200] http://www.interno.gov.it/it/temi/immigrazione-e-asilo/fondi-europei/fondo-asilo-migrazione-e-integrazione-fami

[201]

https://www.repubblica.it/cronaca/2017/01/18/news/in_74_per_scortare_29_migranti_cosi_funzionano_le_espulsioni-156271202/

[202] https://eur-lex.europa.eu/legal-content/IT/TXT/?qid=1490282368037&uri=CELEX:32008L0115

[203] http://data.consilium.europa.eu/doc/document/ST-6949-2017-INIT/it/pdf

della Direttiva rimpatri, partorita dalla Commissione [**COM(2005)391 definitivo del 1/9/2005**][204] (di seguito solo "proposta").

La proposta, evidentemente ancora impregnata del "**vento di Tampere**"[205], anche se dichiara espressamente che il suo scopo è il rimpatrio del cittadino di un Paese terzo che non ha (più) il diritto di rimanere nel territorio dell'Unione, circonda questo rimpatrio molte e stringenti cautele.

Per fare qualche esempio, la proposta espressamente promuove il rimpatrio volontario relegando il rimpatrio forzoso solo ai casi in cui quello volontario si rivela impossibile; si occupa delle possibilità di chi, per ragioni umanitarie o di salute, pur essendo soggetto ad un provvedimento di rimpatrio, non è opportuno che sia allontanato; limita l'uso delle misure coercitive; relega il trattenimento alla sola ipotesi che altre misure, come il "ritiro del passaporto" (sic!) o l'imposizione di una multa non siano efficaci; auspica una "procedura armonizzata in due fasi comportante una decisione di rimpatrio in un primo tempo e, se necessario, un provvedimento di allontanamento in un secondo tempo" (considerando 5); prevede la concessione di un termine congruo (4 settimane) per il rimpatrio volontario (art.6); esamina la possibilità di rilasciare comunque un permesso di soggiorno autonomo (art.6); concede la possibilità di rinviare l'esecuzione (art.8); prescrive che la considerazione che "*l'interesse superiore del minore deve costituire una considerazione preminente degli Stati membri quando applicano la presente direttiva. In linea con la convenzione europea dei diritti dell'uomo e delle libertà fondamentali, il rispetto della vita familiare deve costituire una considerazione preminente degli Stati membri quando applicano la presente direttiva*". (Considerando 18).

La Raccomandazione del 2017 formalmente non rinnega alcuno dei principi enunciati nella proposta di Direttiva del 2005, in quanto il

---

[204] https://eur-lex.europa.eu/legal-content/IT/TXT/PDF/?uri=CELEX:52005PC0391&qid=1490282873442&from=IT
[205] http://www.europarl.europa.eu/summits/tam_it.htm

suo scopo dichiarato è proprio quello, nel solco e nel rispetto della Direttiva rimpatri, di renderli solamente più efficaci.

Ma, leggendola, si ha la sensazione di esser di fronte ad un orientamento completamente diverso in quanto la Raccomandazione enfatizza solo gli aspetti che riguardano le misure idonee al rimpatrio.

Partendo dal presupposto che gli Stati membri non applicano pienamente tutte le possibilità offerte dalla Direttiva rimpatri, la Commissione arriva alla conclusione (considerando 6) che "*è necessario utilizzare pienamente la flessibilità prevista dalla direttiva 2008/115/CE. Un'attuazione più efficace di tale direttiva ridurrebbe le possibilità di sviamento delle procedure e eliminerebbe le inefficienze, garantendo nel contempo la tutela dei diritti fondamentali sanciti dalla Carta dei diritti fondamentali dell'Unione europea*". Come?

La Raccomandazione (considerando 8) invita gli Stati membri a dotarsi di misure efficienti e proporzionate per il fermo e l'identificazione dei cittadini di Paesi terzi il cui soggiorno sia irregolare; stigmatizza il comportamento di alcuni Stati membri che non adottano [immediate] decisioni di rimpatrio a seguito del respingimento di una domanda di protezione o di permesso di soggiorno; si preoccupa di prescrivere di porre la massima attenzione ad ostacoli di natura di salute frapposti fraudolentemente con il solo scopo di ritardare l'allontanamento (considerando 14).

La Commissione sostiene ora (considerando 16) che il trattenimento può costituire un elemento essenziale per migliorare l'efficacia del sistema di rimpatrio dell'Unione ed, in particolare, per consentire l'adeguata preparazione dello stesso; invita quindi (art. 10) gli Stati membri a prevedere un congruo periodo di trattenimento iniziale (max. 6 mesi) che potrà, secondo le esigenze essere prolungato fino ai 18 mesi.

Se nella proposta di Direttiva del 2005, il trattenimento poteva esser disposto solo se altre misure si rivelavano inefficaci ed in caso di pericolo di fuga del richiedente, la Raccomandazione si preoccupa ora di elencare e specificare dettagliatamente quando si ci trova in pericolo di fuga: dal rifiuto di cooperazione al mancato rispetto di un divieto di ingresso in vigore (quindi tutti i clandestini?); da una condanna per reato grave in un altro Stato membro alla "espressione esplicita di non rispettare una decisione di rimpatrio (art.15).

Si noti che sono tutte figure sintomatiche che, nella nuova proposta di Regolamento "Procedure"[206] attualmente sui tavoli di Consiglio e Parlamento UE, fanno sì che il ricorso avverso il provvedimento di diniego dell'Autorità Accertante (in Italia le Commissioni territoriali) non abbia un effetto sospensivo automatico, bensì lo abbia solo se il giudice del ricorso lo ritiene opportuno con l'ovvia conseguenza di abbreviare i tempi del rimpatrio.

Neppure il minore è esente da questa revisione: la Commissione sostiene che il divieto generalizzato di allontanamento del minore non sempre rispecchia il suo "superiore interesse" che potrebbe talvolta esser meglio essere attuato con il ricongiungimento familiare nel Paese di origine. Oltretutto (considerando 22) *"Tali divieti possono comportare conseguenze impreviste per l'immigrazione irregolare, spingendo i minori non accompagnati a intraprendere viaggi pericolosi per raggiungere l'Unione."* [con lo scopo di ottenere un permesso di soggiorno e chiedere poi il ricongiungimento familiare].

Ancora, la Raccomandazione prescrive di raggruppare in una unica fase procedurale le udienze amministrative necessarie per il rilascio del permesso di soggiorno, il rimpatrio ed il trattenimento, nonché concedere una scadenza quanto più breve possibile per presentare ricorso contro la decisione di rimpatrio e *"garantire che l'effetto sospensivo automatico dei ricorsi avverso le decisioni di rimpatrio sia autorizzato soltanto se ciò è necessario per rispettare gli articoli 19, paragrafo 2, e 47 della Carta dei diritti fondamentali dell'Unione europea"* (art.12).

---

[206] https://eur-lex.europa.eu/legal-content/IT/TXT/?qid=1490346016371&uri=CELEX:52016PC0467

Infine, la Raccomandazione prescrive che gli Stati membri dovrebbero autorizzare la partenza volontaria solo su richiesta del cittadino del Paese terzo interessato, stabilire per la partenza volontaria il termine più breve possibile che potrà essere superiore a sette giorni solo se l'interessato collabora attivamente (artt. 17 -20).

Tutti queste condizioni, per la Raccomandazione, dovranno esser soddisfatte entro il 17 giugno 2017.

Come si vede è chiaro un mutamento di indirizzo, forse giustificato dall'incremento esponenziale degli arrivi, specialmente lungo la rotta del Mediterraneo.

Proposta di DIRETTIVA DEL PARLAMENTO EUROPEO E DEL CONSIGLIO recante norme e procedure comuni applicabili negli Stati membri al rimpatrio di cittadini di paesi terzi il cui soggiorno è irregolare (rifusione)

Conseguentemente alla Comunicazione sulla politica dei rimpatri, la Commissione, il 12 settembre 2018, ha presentato la sua "Proposta di DIRETTIVA DEL PARLAMENTO EUROPEO E DEL CONSIGLIO[207] [COM(2018) 634 final][208] recante norme e procedure comuni applicabili negli Stati membri al rimpatrio di cittadini di paesi terzi il cui soggiorno è irregolare (rifusione)" [qui il link al testo[209] e qui il link agli allegati][210].

Come le altre proposte, anche questa giace sui tavoli di Bruxelles in attesa della "ripartenza" dei lavori dopo il rinnovo dei vertici europei conseguenti alle elezioni del 26 maggio 2019.

Come è facile immaginare, dopo aver letto la "Comunicazione", il testo è molto più restrittivo riguardo alle garanzie da assicurare agli espellendi, confermando, se ce ne fosse stato bisogno, che non spira più neppure l'ultimo refolo del Vento di Tampere.

---

[207] https://eur-lex.europa.eu/legal-content/IT/TXT/?qid=1556010765560&uri=CELEX:52018PC0634
[208] https://eur-lex.europa.eu/resource.html?uri=cellar:829fbece-b661-11e8-99ee-01aa75ed71a1.0023.02/DOC_1&format=PDF
[209] https://eur-lex.europa.eu/resource.html?uri=cellar:829fbece-b661-11e8-99ee-01aa75ed71a1.0023.02/DOC_1&format=PDF
[210] https://eur-lex.europa.eu/resource.html?uri=cellar:829fbece-b661-11e8-99ee-01aa75ed71a1.0023.02/DOC_2&format=PDF

ALLEGATI

Allegato 1

Accordo Unione europea – Turchia del 18 marzo 2016.

In data odierna i membri del Consiglio europeo hanno incontrato la controparte turca[211], in quella che da novembre 2015 è la terza riunione volta ad approfondire le relazioni Turchia-UE nonché ad affrontare la crisi migratoria.

I membri del Consiglio europeo hanno espresso le loro più sentite condoglianze al popolo turco in seguito all'attentato dinamitardo di domenica ad Ankara. Hanno condannato fermamente questo atto efferato e ribadito il loro continuo sostegno alla lotta contro il terrorismo in tutte le sue forme.

La Turchia e l'Unione europea hanno riconfermato l'impegno ad attuare il piano d'azione comune attivato il 29 novembre 2015. Sono già stati compiuti molti progressi, tra cui l'apertura, da parte della Turchia, del mercato del lavoro ai siriani oggetto di protezione temporanea, l'introduzione di un nuovo obbligo in materia di visti per i siriani e i cittadini di altri paesi, l'intensificazione degli sforzi in materia di sicurezza da parte della polizia e della guardia costiera turche e un potenziamento della condivisione delle informazioni. Inoltre, l'Unione europea ha avviato l'erogazione dei 3 miliardi di EUR a titolo dello strumento per i rifugiati in Turchia per progetti concreti e ha proseguito i lavori riguardo alla liberalizzazione dei visti e ai colloqui di adesione,

---

[211]https://www.consilium.europa.eu/it/press/press-releases/2016/03/18/eu-turkey-statement/

compresa l'apertura del capitolo 17 nel dicembre scorso. Il 7 marzo 2016, inoltre, la Turchia ha convenuto di accettare il rapido rimpatrio di tutti i migranti non bisognosi di protezione internazionale che hanno compiuto la traversata dalla Turchia alla Grecia e di riaccogliere tutti i migranti irregolari intercettati nelle acque turche. La Turchia e l'UE hanno altresì convenuto di continuare a intensificare le misure contro i trafficanti di migranti e hanno accolto con favore l'avvio dell'attività della NATO nel mar Egeo. Al contempo la Turchia e l'UE riconoscono che sono necessari ulteriori sforzi, rapidi e decisi.

Al fine di smantellare il modello di attività dei trafficanti e offrire ai migranti un'alternativa al mettere a rischio la propria vita, l'UE e la Turchia hanno deciso oggi di porre fine alla migrazione irregolare dalla Turchia verso l'UE; per conseguire questo obiettivo hanno concordato i seguenti punti d'azione supplementari:

1) Tutti i nuovi migranti irregolari che hanno compiuto la traversata dalla Turchia alle isole greche a decorrere dal 20 marzo 2016 saranno rimpatriati in Turchia, nel pieno rispetto del diritto dell'UE e internazionale, escludendo pertanto qualsiasi forma di espulsione collettiva. Tutti i migranti saranno protetti in conformità delle pertinenti norme internazionali e nel rispetto del principio di non-refoulement. Si tratterà di una misura temporanea e straordinaria che è necessaria per porre fine alle sofferenze umane e ristabilire l'ordine pubblico. I migranti che giungeranno sulle isole greche saranno debitamente registrati e qualsiasi domanda d'asilo sarà trattata individualmente dalle autorità greche conformemente alla direttiva sulle procedure d'asilo, in cooperazione con l'UNHCR. I migranti che non faranno domanda d'asilo o la cui domanda sia ritenuta infondata o non ammissibile ai sensi della suddetta direttiva saranno rimpatriati in Turchia. La Turchia e la Grecia, assistite dalle istituzioni e agenzie dell'UE, adotteranno le misure necessarie e converranno i necessari accordi bilaterali, tra cui la presenza di funzionari turchi sulle isole greche e di funzionari greci in Turchia dal 20 marzo 2016, al fine di garantire un collegamento e agevolare in questo modo il corretto funzionamento di detti accordi. I costi delle operazioni di rimpatrio dei migranti irregolari saranno a carico dell'UE.

2) Per ogni siriano rimpatriato in Turchia dalle isole greche un altro siriano sarà reinsediato dalla Turchia all'UE tenendo conto dei criteri di vulnerabilità delle Nazioni Unite. Sarà istituito, con l'assistenza della Commissione, delle agenzie dell'UE e di altri Stati membri nonché dell'UNHCR, un meccanismo inteso a garantire l'attuazione di tale principio a decorrere dallo stesso giorno dell'avvio dei rimpatri. La priorità sarà accordata ai migranti che precedentemente non siano entrati o non abbiano tentato di entrare nell'UE in modo irregolare. Per quanto riguarda l'UE, il reinsediamento nell'ambito di tale meccanismo si svolgerà, in primo luogo, assolvendo agli impegni assunti dagli Stati membri nelle conclusioni dei rappresentanti dei governi degli Stati membri riuniti in sede di Consiglio il 20 luglio 2015, in base ai quali restano 18 000 posti destinati al reinsediamento. A qualsiasi ulteriore bisogno di reinsediamento si provvederà mediante un analogo accordo volontario fino a un limite di 54 000 persone aggiuntive. I membri del Consiglio europeo accolgono con favore l'intenzione della Commissione di proporre una modifica alla decisione del 22 settembre 2015 sulla ricollocazione affinché qualsiasi impegno in termini di reinsediamenti assunto nel quadro di tale accordo possa essere dedotto dai posti non assegnati ai sensi della decisione. Qualora detti accordi non soddisfino l'obiettivo di porre fine alla migrazione irregolare e il numero dei rimpatri si avvicini ai numeri di cui sopra, il meccanismo in questione sarà riesaminato. Qualora il numero dei rimpatri sia superiore ai numeri di cui sopra, il meccanismo sarà interrotto.

3) La Turchia adotterà qualsiasi misura necessaria per evitare nuove rotte marittime o terrestri di migrazione irregolare dalla Turchia all'UE e collaborerà con i paesi vicini nonché con l'UE stessa a tale scopo.

4) Una volta terminati, o per lo meno drasticamente e sostenibilmente ridotti, gli attraversamenti irregolari fra la Turchia e l'UE, verrà attivato un programma volontario di ammissione umanitaria. Gli Stati membri dell'UE contribuiranno al programma su base volontaria.

5) L'adempimento della tabella di marcia sulla liberalizzazione dei visti sarà accelerata nei confronti tutti gli Stati membri partecipanti

con l'obiettivo di abolire l'obbligo del visto per i cittadini turchi entro la fine di giugno 2016 al più tardi, a condizione che tutti i parametri di riferimento siano stati soddisfatti. Al riguardo la Turchia adotterà le misure necessarie per soddisfare gli obblighi rimanenti al fine di consentire alla Commissione di formulare, a seguito della necessaria valutazione della conformità ai parametri di riferimento, una proposta adeguata entro la fine di aprile, sulla cui base il Parlamento europeo e il Consiglio possano prendere una decisione definitiva.

6) L'UE, in stretta cooperazione con la Turchia, accelererà ulteriormente l'erogazione dei 3 miliardi di EUR inizialmente assegnati nel quadro dello strumento per i rifugiati e garantirà il finanziamento di ulteriori progetti per le persone oggetto di protezione temporanea identificati con un tempestivo contributo della Turchia prima della fine di marzo. Entro una settimana sarà identificato congiuntamente un primo elenco di progetti concreti per i rifugiati, segnatamente in materia di salute, istruzione, infrastrutture, alimentazione e altre spese di sostentamento, che possono essere rapidamente finanziati dallo strumento. Una volta che queste risorse saranno state quasi completamente utilizzate, e a condizione che gli impegni di cui sopra siano soddisfatti, l'UE mobiliterà ulteriori finanziamenti dello strumento per altri 3 miliardi di EUR entro la fine del 2018.

7) L'UE e la Turchia hanno accolto con favore i lavori in corso per il miglioramento dell'unione doganale.

8) L'UE e la Turchia hanno riconfermato il loro impegno di rilanciare il processo di adesione enunciato nella dichiarazione congiunta del 29 novembre 2015. Hanno accolto con favore l'apertura, il 14 dicembre 2015, del capitolo 17 e deciso, come nuova tappa, di aprire il capitolo 33 durante la presidenza dei Paesi Bassi. Si sono compiaciuti del fatto che la Commissione presenterà una proposta in tal senso in aprile. I lavori preparatori per l'apertura di altri capitoli continueranno a ritmo accelerato fatte salve le posizioni degli Stati membri in conformità delle norme esistenti.

9) L'UE e i suoi Stati membri collaboreranno con la Turchia per migliorare la situazione umanitaria in Sira, in particolare in talune zone limitrofe della frontiera turca, nel quadro di qualsiasi sforzo congiunto che possa consentire alla popolazione locale e ai rifugiati di vivere in zone più sicure.

Tutti questi aspetti verranno portati avanti in parallelo e monitorati congiuntamente su base mensile.

L'UE e la Turchia hanno deciso di incontrarsi nuovamente ove necessario conformemente alla dichiarazione congiunta del 29 novembre 2015.

Allegato 2

Memorandum Italia – Libia del 2 febbraio 2017

Memorandum d'intesa sulla cooperazione nel campo dello sviluppo, del contrasto all'immigrazione illegale, al traffico di esseri umani, al contrabbando e sul rafforzamento della sicurezza delle frontiere tra lo Stato della Libia e la Repubblica Italiana Il Governo di Riconciliazione Nazionale dello Stato di Libia e il Governo della Repubblica Italiana qui di seguito denominate 'Le Parti'

Sono determinati a lavorare per affrontare tutte le sfide che si ripercuotono negativamente sulla pace, la sicurezza e la stabilità nei due paesi, e nella regione del Mediterraneo in generale.

Nella consapevolezza della sensibilità dell'attuale fase di transizione in Libia, e della necessità di continuare a sostenere gli sforzi miranti alla riconciliazione nazionale, in vista di una stabilizzazione che permetta l'edificazione di uno Stato civile e democratico.

Nel riconoscere che il comune patrimonio storico e culturale e il forte legame di amicizia tra i due popoli costituiscono la base per affrontare i problemi derivanti dai continui ed elevati flussi di migranti clandestini.

Riaffermando i principi di sovranità, indipendenza, integrità territoriale e unità nazionale della Libia, nonché di non ingerenza negli affari interni.

Al fine di attuare gli accordi sottoscritti tra le Parti in merito, tra cui il Trattato di Amicizia, Partenariato e Cooperazione firmato a Bengasi il 30/08/2008, ed in particolare l'articolo 19 dello stesso Trattato, la Dichiarazione di Tripoli del 21 gennaio 2012 e altri accordi e memorandum sottoscritti in materia.

Le Parti hanno preso atto dell'impegno che l'Italia ha posto per rilanciare il dialogo e la cooperazione con i Paesi africani d'importanza prioritaria per le rotte migratorie, che ha portato all'istituzione del "Fondo per l'Africa".

Tenendo conto delle iniziative che sono state messe in atto dalla parte italiana in attuazione degli accordi e dei memorandum di intesa bilaterali precedenti, nonché il sostegno assicurato alla rivoluzione del 17 febbraio.

Al fine di raggiungere soluzioni relative ad alcune questioni che influiscono negativamente sulle Parti, tra cui il fenomeno dell'immigrazione clandestina e il suo impatto, la lotta contro il terrorismo, la tratta degli esseri umani e il contrabbando di carburante.

Riaffermando la ferma determinazione di cooperare per individuare soluzioni urgenti alla questione dei migranti clandestini che attraversano la Libia per recarsi in Europa via mare, attraverso la predisposizione dei campi di accoglienza temporanei in Libia, sotto l'esclusivo controllo del Ministero dell'Interno libico, in attesa del rimpatrio o del rientro volontario nei paesi di origine, lavorando al tempo stesso affinché i paesi di origine accettino i propri cittadini ovvero sottoscrivendo con questi paesi accordi in merito.

Riconoscendo che le misure e le iniziative intraprese per risolvere la situazione dei migranti illegali ai sensi di questo Memorandum, non devono intaccare in alcun modo il tessuto sociale libico o minacciare l'equilibrio demografico del Paese o la situazione economica e le condizioni di sicurezza dei cittadini libici.

Sottolineando l'importanza del controllo e della sicurezza dei confini libici, terrestri e marittimi, per garantire la riduzione dei flussi migratori illegali, la lotta contro il traffico di esseri umani e il contrabbando di carburante, e sottolineando altresì l'importanza di usufruire dell'esperienza delle istituzioni coinvolte nella lotta contro l'immigrazione clandestina e il controllo dei confini.

Tenuto conto degli obblighi derivanti dal diritto internazionale consuetudinario e dagli accordi che vincolano le Parti, tra cui l'adesione dell'Italia all'Unione Europea, nell'ambito degli ordinamenti vigenti nei due Paesi, le due parti confermano il desiderio di cooperare per attuare le disposizioni e gli obiettivi di questo Memorandum, e concordano quanto segue:

Articolo 1

Le Parti si impegnano a:

A) avviare iniziative di cooperazione in conformità con i programmi e le attività adottati dal Consiglio Presidenziale e dal Governo di Accordo Nazionale dello Stato della Libia, con riferimento al sostegno alle istituzioni di sicurezza e militari al fine di arginare i flussi di migranti illegali e affrontare le conseguenze da essi derivanti, in sintonia con quanto previsto dal Trattato di amicizia, partenariato e cooperazione sottoscritto tra i due paesi, e dagli accordi e memorandum d'intesa sottoscritti dalle Parti.

B) la parte italiana fornisce sostegno e finanziamento a programmi di crescita nelle regioni colpite dal fenomeno dell'immigrazione illegale, in settori diversi, quali le energie rinnovabili, le infrastrutture, la sanità, i trasporti, lo sviluppo delle risorse umane, l'insegnamento, la formazione del personale e la ricerca scientifica.

C) la parte italiana si impegna a fornire supporto tecnico e tecnologico agli organismi libici incaricati della lotta contro l'immigrazione clandestina, e che sono rappresentati dalla guardia di frontiera e dalla guardia costiera del Ministero della Difesa, e dagli organi e dipartimenti competenti presso il Ministero dell'Interno.

Articolo 2

Le Parti si impegnano altresì a intraprendere azioni nei seguenti settori:

1) completamento del sistema di controllo dei confini terrestri del sud della Libia, secondo quanto previsto dall'articolo 19 del Trattato summenzionato.

2) adeguamento e finanziamento dei centri di accoglienza summenzionati già attivi nel rispetto delle norme pertinenti, usufruendo di finanziamenti disponibili da parte italiana e di finanziamenti dell'Unione Europea. La parte italiana contribuisce, attraverso la fornitura di medicinali e attrezzature mediche per i centri sanitari di accoglienza, a soddisfare le esigenze di assistenza sanitaria dei migranti illegali, per il trattamento delle malattie trasmissibili e croniche gravi.

3) la formazione del personale libico all'interno dei centri di accoglienza summenzionati per far fronte alle condizioni dei migranti illegali, sostenendo i centri di ricerca libici che operano in questo settore, in modo che possano contribuire all'individuazione dei metodi più adeguati per affrontare il fenomeno dell'immigrazione clandestina e la tratta degli esseri umani.

4) Le Parti collaborano per proporre, entro tre mesi dalla firma di questo memorandum, una visione di cooperazione euro-africana più completa e ampia, per eliminare le cause dell'immigrazione clandestina, al fine di sostenere i paesi d'origine dell'immigrazione nell'attuazione di progetti strategici di sviluppo, innalzare il livello dei settori di servizi migliorando così il tenore di vita e le condizioni sanitarie, e contribuire alla riduzione della povertà e della disoccupazione.

5) sostegno alle organizzazioni internazionali presenti e che operano in Libia nel campo delle migrazioni a proseguire gli sforzi mirati anche al rientro dei migranti nei propri paesi d'origine, compreso il rientro volontario. 6) avvio di programmi di sviluppo, attraverso iniziative di job creation adeguate, nelle regioni libiche colpite dai fenomeni dell'immigrazione illegale, traffico di esseri umani e contrabbando, in funzione di "sostituzione del reddito".

Articolo 3

Al fine di conseguire gli obiettivi di cui al presente Memorandum, le parti si impegnano a istituire un comitato misto composto da un numero di membri uguale tra le parti, per individuare le priorità d'azione, identificare strumenti di finanziamento, attuazione e monitoraggio degli impegni assunti.

Articolo 4

La parte italiana provvede al finanziamento delle iniziative menzionate in questo Memorandum o di quelle proposte dal comitato misto indicato nell'articolo precedente senza oneri aggiuntivi per il bilancio dello Stato italiano rispetto agli stanziamenti già previsti, nonché avvalendosi di fondi disponibili dall'Unione Europea, nel rispetto delle leggi in vigore nei due paesi.

Articolo 5

Le Parti si impegnano ad interpretare e applicare il presente Memorandum nel rispetto degli obblighi internazionali e degli accordi sui diritti umani di cui i due Paesi siano parte.

Articolo 6

Le controversie tra le Parti relative all'interpretazione o all'applicazione del presente Memorandum saranno trattate amichevolmente per via diplomatica.

Articolo 7

Il presente Memorandum d'intesa può essere modificato a richiesta di una delle Parti, con uno scambio di note, durante il periodo della sua validità.

Articolo 8

Il presente Memorandum entra in vigore al momento della firma. Ha validità triennale e sarà tacitamente rinnovato alla scadenza per un periodo equivalente, salvo notifica per iscritto di una delle due Parti contraenti, almeno tre mesi prima della scadenza del periodo di validità.

Elaborato e sottoscritto a Roma il 2 febbraio 2017 in due copie originali, ciascuna in lingua araba e italiana, tutti i testi facenti egualmente fede.

Per il Governo di Riconciliazione Nazionale dello Stato di Libia Fayez Mustafa Serraj

Presidente del Consiglio Presidenziale per il Governo della Repubblica Italiana Paolo Gentiloni Presidente del Consiglio dei Ministri

Riflessioni

"peso netto" e "peso lordo" dei migranti

Assistiamo spesso al braccio di ferro fra gli altri Stati membri dell'Unione europea e l'Italia sulla richiesta di quest'ultima di suddividere i migranti che sbarcano fra tuti gli appartenenti all'Unione. E' nota la riottosità degli Stati membri ad accontentare le pretese italiane. Sorge spontaneo quesito: perché, ad esempio, la Germania che ha accolto nel 2015 un milione di migranti pone ostacoli alla ripartizione di trenta/quaranta migranti "salvati" da una nave di una qualche ONG?

Secondo me le ragioni sono più di una oltre a quella di riaffermare il principio di Dublino del "chi ce li ha se li tiene".

Una potrebbe essere il cieco ed utile rispetto delle norme europee. Abbiamo visto che il Consiglio europeo del 28 giugno 2018[212], ha approvato all'unanimità, quindi anche con il voto favorevole dell'Italia che si presentava con il neo premier Giuseppe Conte, che *"Nel territorio dell'UE coloro che vengono salvati, a norma del diritto internazionale, dovrebbero essere presi in carico sulla base di uno sforzo condiviso e trasferiti in centri sorvegliati istituiti negli Stati membri, **unicamente su base volontaria**; qui un trattamento rapido e sicuro consentirebbe, con il pieno sostegno dell'UE, di distinguere i migranti irregolari, che saranno rimpatriati, dalle persone bisognose di protezione*

---

[212] https://data.consilium.europa.eu/doc/document/ST-9-2018-INIT/it/pdf

*internazionale, cui si applicherebbe il principio di solidarietà. Tutte le misure nel contesto di questi centri sorvegliati, ricollocazione e reinsediamento compresi, **saranno attuate su base volontaria**, lasciando impregiudicata la riforma di Dublino"*. Quindi, se nessuno mi obbliga, perché me li devo prendere? Solo se verrà approvato un piano di distribuzione obbligatoria, gli Stati membri saranno obbligati alla redistribuzione. Nutro seri dubbi, vista la fine delle due "Decisioni" della commissione del 2015 [Decisione 2015/1523[213] e Decisione 2015/1601][214] che "obbligavano" gli Stati membri ad una ripartizione di un certo numero di migranti da Italia e Grecia verso gli altri Stati membri che la cosa possa ripetersi.

Un'altra causa potrebbe essere ricercata nel vasto numero di dublinanti che gli Stati membri devono ancora rimandare nel nostro Paese. E' noto che i principio cardine del Regolamento di Dublino vigente è la piena responsabilità del primo Stato membro in cui arriva il richiedente asilo. Siccome la stragrande maggioranza dei richiedenti asilo arrivati in Italia cerca in tutti i modi di arrivare in nord Europa, ecco che gli Stati membri del nord Europa hanno un gran numero di migranti da rinviare in Italia e non vogliono certo accollarsene altri.

Un'altra causa potrebbe essere la differenza fra il "peso lordo" e il "peso netto" dei migranti. Mi spiego. Dai dati provenienti dal Ministero dell'interno[215], specialmente dopo l'abolizione del "permesso umanitario", l'82% delle domande di protezione viene respinto, quindi – secondo le norme in vigore – questi richiedenti sono trattati come "migranti economici" da espellere. Insomma son venuti in Europa non per sfuggire a persecuzioni o guerre, ma per sfuggire alla fame in cerca di una vita migliore. Fuggire dalla fame per cercare una vita migliore sembra a me e ai milioni di emigrati italiani dei secoli scorsi una ottima ragione per andar via dal proprio Paese. Ma purtroppo l'attuale Direttiva

---

[213] https://eur-lex.europa.eu/legal-content/IT/TXT/PDF/?uri=CELEX:32015D1523&qid=1444118475641&from=EN
[214] https://eur-lex.europa.eu/legal-content/IT/TXT/PDF/?uri=CELEX:32015D1601&qid=1444123383779&from=EN
[215]

http://www.libertaciviliimmigrazione.dlci.interno.gov.it/sites/default/files/allegati/febbraio_2019__0.pdf europea "Qualifiche" la n.2011/95/UE[216] che disciplina le caratteristiche che una persona deve possedere per ricevere la protezione internazionale non prevede la fuga per fame, non prevede la fuga per cercare una vita migliore. Data l'armonizzazione delle norme nazionali sull'asilo, è lecito presumere che se uno stato membro volesse accedere alle richieste dell'Italia prendendosi in carico, ad esempio 100 migranti, si troverebbe con 82 migranti da espellere e, come abbiamo già visto, espellere una persona che non vuole farsi espellere verso un Paese che non vuole riprenderselo è cosa estremamente difficile, non solo per l'Italia[217], ma per tutti gli Stati membri. Proprio per questa ragione abbiamo visto che la Commissione, nelle ultime proposte, pone molto l'accento sul preventivo giudizio dell'ammissibilità della domanda, per scremare subito il campo dalle domande poste dai cd. "migranti economici".

Ritengo molto probabile che se l'Italia chiedesse agli altri partner di prendersi in carico migranti già riconosciuti come "protetti" gli accoglimenti sarebbero ben maggiori.

---

[216]https://eur-lex.europa.eu/legal-content/IT/TXT/PDF/?uri=CELEX:32011L0095&from=IT
[217] https://www.linkiesta.it/it/article/2019/04/24/rimpatri-flop-salvini-fa-peggio-di-minniti-e-a-questo-ritmo-ci-vorra-u/41920/

Considerazioni su SAR, Malta e ONG.

Questo capitoletto è parecchio difficile e potrà prestarsi a molte critiche perché la materia, salvo l'obbligo di soccorso, unanimemente riconosciuto, è molto "fluida", le norme internazionali sono confuse, si accavallano nel tempo e, mentre sono molto chiare – ripeto – sull'obbligo del soccorso, altrettanto non lo sono (perché il fenomeno è limitato e, speriamo, contingente) su dove far sbarcare i naufraghi/migranti se la nave che li raccoglie non ha la stessa bandiera del Paese dove intende operare lo sbarco; se detto Paese per operazioni non coordinate, ai sensi della Convenzione di Amburgo, abbia l'obbligo di accogliere ogni migrante/naufrago che lì viene diretto.

Quella che segue è una ricerca delle fonti normative con mie personali considerazioni.

La legge nazionale (Codice della Navigazione) non detta particolari norme, tranne quella più volte ripetuta dell'obbligo di soccorso (artt.69 e 70). Forse più utile la noma contenuta nell'art. 4 "Le navi italiane in alto mare e gli aeromobili italiani in luogo o spazio non soggetto alla sovranità di alcuno Stato sono considerati come territorio italiano". Insomma i migranti/naufraghi che salgono in acque internazionali su nave italiana, sono già sul territorio italiano.

Chissà se questo basta a configurare la previsione contenuta nell'articolo 3 della Direttiva "procedure", la 2013/32/UE[218] che dispone che essa si applica solo a "tutte le domande di protezione internazionale presentate nel territorio, compreso alla frontiera, nelle acque territoriali o nelle zone di transito degli Stati membri" con la esclusione di quelle "presentate presso le rappresentanze degli Stati membri".

La materia del soccorso è comunque regolata da Convenzioni internazionali. So, per esperienza, che quanti più contraenti partecipano

---

[218] https://eur-lex.europa.eu/legal-content/IT/TXT/PDF/?uri=CELEX:32013L0032&from=IT

alla negoziazione di un testo, questo si annacqua e si complica sempre di più per soddisfare le diverse e spesso opposte esigenze dei partecipanti.

Una volta si predicava il mare come territorio libero da leggi, ma dopo il Titanic qualcosa si mosse e, nel 1914, la prima Convenzione internazionale per la salvaguardia della vita umana in mare (nota anche semplicemente come: SOLAS, acronimo di Safety of life at sea) fu firmata a Londra. Successive modifiche[219] furono apportate nel 1948 e nel 1960 .Una nuova versione[220] della convenzione fu approvata nel 1974[221], entrando in vigore nel 1980, sotto l'egida dell'IMO, agenzia delle Nazioni Unite[222].

Già la Convenzione SOLAS al Cap. V, regola 10 (pag. 143 del link)[223] stabiliva che *"Il comandante di una nave in navigazione che riceve un segnale da qualsiasi provenienza indicante che una nave o un aereo o loro natanti superstiti si trovano in pericolo, è obbligato a recarsi a tutta velocità all'assistenza delle persone in pericolo informandole, se possibile, di quanto sta facendo. Se non può farlo, o, nelle circostanze speciali in cui si trova, giudica non ragionevole né necessario andare in loro soccorso, egli deve riportare sul giornale di bordo le ragioni che lo hanno indotto a recarsi a soccorrere le persone in pericolo."*

La Convenzione delle Nazioni Unite sul Diritto del mare[224] (cd. Convenzione di Montego Bay[225]) o **UNCLOS[226]**, acronimo del nome in inglese *United Nations Convention on the Law of the Sea,* fu approvata

---

[219] https://www.admin.ch/opc/it/classified-compilation/19600085/200603080000/0.747.363.32.pdf

[220] http://www.imo.org/en/About/Conventions/ListOfConventions/Pages/International-Convention-for-the-Safety-of-Life-at-Sea-%28SOLAS%29%2c-1974.aspx

[221] http://www.imo.org/en/About/Conventions/ListOfConventions/Pages/International-Convention-for-the-Safety-of-Life-at-Sea-%28SOLAS%29%2c-1974.aspx

[222] http://www.imo.org/en/About/Pages/Default.aspx

[223] https://www.admin.ch/opc/it/classified-compilation/19600085/200603080000/0.747.363.32.pdf

[224] https://www.un.org/Depts/los/convention_agreements/texts/unclos/closindx.htm

[225] https://it.wikipedia.org/wiki/Convenzione_delle_Nazioni_Unite_sul_diritto_del_mare

[226] https://www.un.org/Depts/los/convention_agreements/convention_overview_convention.htm

nel 1982 ed entrò in vigore nel 1990. Fu recepita dall'Unione europea nel 1998 (per l'atto di recepimento e il testo della convenzione clicca qui). La Convenzione di Montego Bay all'art. 98 (pag. 27 della G.U delle Comunità europee a questa nota)[227] stabilisce che "*1. Ogni Stato deve esigere che il comandante di una nave che batte la sua bandiera, nella misura in cui gli sia possibile adempiere senza mettere a repentaglio la nave, l'equipaggio o i passeggeri: a) presti soccorso a chiunque sia trovato in mare in condizioni di pericolo; b) proceda quanto più velocemente possibile al soccorso delle persone in pericolo, se viene a conoscenza del loro bisogno di aiuto, nella misura in cui ci si può ragionevolmente aspettare da lui tale iniziativa; c) presti soccorso, in caso di abbordo, all'altra nave, al suo equipaggio e ai suoi passeggeri e, quando è possibile, comunichi all'altra nave il nome della propria e il porto presso cui essa è immatricolata, e quale è il porto più vicino presso cui farà scalo. 2. Ogni Stato costiero promuove la costituzione e il funzionamento permanente di un servizio adeguato ed efficace di ricerca e soccorso per tutelare la sicurezza marittima e aerea e, quando le circostanze lo richiedono, collabora a questo fine con gli Stati adiacenti tramite accordi regionali*"

Queste Convenzioni stabiliscono gli obblighi di ricerca e soccorso (SAR), ma nulla stabiliscono circa il destino e lo sbarco dei naufraghi imbarcati. Il perché è molto semplice: il fenomeno dei boat people e del loro salvataggio (tranne l'episodio vietnamita del 1976[228]) specialmente da parte di Nazioni riottose alla loro accoglienza, è recente e limitato al tratto del Mediterraneo Libia -Italia.

La **Convenzione internazionale sulla ricerca ed il salvataggio marittimo**[229] (cd. Convenzione **SAR**, acronimo di *search and rescue*) fu siglata ad Amburgo il 27 aprile 1979 ed entrò in vigore il 22 giugno 1985 (qui il testo sottoscritto nel 1979[230]) (e qui il testo in italiano, da pag.32

---

[227] https://eur-lex.europa.eu/legal-content/IT/TXT/PDF/?uri=OJ:L:1998:179:FULL&from=IT

[228] https://it.wikipedia.org/wiki/Boat_people

[229] https://it.wikipedia.org/wiki/Convenzione_internazionale_sulla_ricerca_ed_il_salvatag gio_marittimo

[230] https://treaties.un.org/doc/Publication/UNTS/Volume%201405/volume-1405-I-23489-English.pdf

del link all'Atto Senato di Ratifica[231]). E' un accordo internazionale elaborato dall'Organizzazione Marittima Internazionale[232] (IMO), volto a tutelare la sicurezza della navigazione mercantile, con esplicito riferimento al *soccorso marittimo*. (qui il testo completo vigente, a pag. 426[233]).

Molte le novità riguardanti il soccorso: nelle definizioni, ad esempio, si anticipa allo "stato di pericolo" l'obbligo di soccorso; ma, soprattutto, il mare viene diviso in zone SAR per le quali ogni Paese è responsabile delle operazioni di soccorso ed è tenuto al suo coordinamento; viene anche stabilito che un "centro di coordinamento" che ha notizia di una situazione di pericolo, ma non sa se il centro di coordinamento competente sia stato allertato o abbia iniziato le operazioni di soccorso , deve predisporre i mezzi per intervenire.

La convenzione fu modificata due volte: la prima volta nel 1998 con la risoluzione MSC.70 (69)[234] e la seconda volta nel 2004 con la risoluzione MSC.153 (78)[235] e con la risoluzione MSC.155 (78)[236].

Con queste modifiche, oltre a ribadire l'obbligo, senza se e senza ma, del soccorso in caso di naugragio, esteso anche al caso di "pericolo di naufragio" ("distress") viene esplicitamente stabilito che le persone salvate devono essere sbarcate in un "**posto sicuro**" (place of safety) e che il **coordinatore delle operazioni, ossia il titolare della zona SAR in cui è avvenuto l'evento, deve indicare (ovviamente sul suo territorio) il porto di sbarco più appropriato.**

---

[231] https://www.senato.it/service/PDF/PDFServer/DF/271222.pdf

[232] https://it.wikipedia.org/wiki/Organizzazione_marittima_internazionale

[233]

http://www.imo.org/en/About/Conventions/StatusOfConventions/Documents/Status%20-
%202019.pdf#%5B%7B%22num%22%3A943%2C%22gen%22%3A0%7D%2C%7B
%22name%22%3A%22XYZ%22%7D%2C69%2C318%2C0%5D

[234] http://www.imo.org/en/KnowledgeCentre/IndexofIMOResolutions/Maritime-Safety-Committee-(MSC)/Documents/MSC.70(69).pdf

[235]

http://www.imo.org/en/OurWork/Facilitation/personsrescued/Documents/Resolution%20MSC.153(78)-MSC%2078.pdf

[236] http://www.imo.org/en/KnowledgeCentre/IndexofIMOResolutions/Maritime-Safety-Committee-(MSC)/Documents/MSC.155(78).pdf

Su questo ultimo punto bisogna aggiungere che Malta non ha mai voluto sottoscrivere (vedasi nota a pagina 435 del link)[237] i Capitoli II, III e IV della Risoluzione emendativa MSC.155(78)[238] per cui non si è mai impegnata, come Ente coordinatore delle operazioni di soccorso, ad indicare il porto di sbarco sul suo territorio.

Su tale punto una interessante riflessione del Consiglio Nazionale forense[239] che riassume la ingarbugliata questione del place of safety delle Convenzioni internazionali e la mancata sottoscrizione di alcuni Paesi, fra i quali Malta, delle ultime norme della Convenzione di Amburgo.

Successivamente alla Convenzione SAR, l'IMO, in collaborazione con l'Organizzazione internazionale dell'aviazione civile[240] (ICAO), ha predisposto il Manuale internazionale di ricerca e soccorso aero marittimo, noto come Manuale IAMSAR (*International Aeronautical and Maritime Search and Rescue Manual*).

Lo stato di tutte le Convenzioni sulla salvaguardia della navigazione e delle vite in mare può essere trovato sul sito dell'IMU, cliccando qui[241].

Sugli obblighi che competono agli Stati sul soccorso in mare è interessante il parere del Prof. Umberto Leanza[242], uno di maggiori

---

[237]

http://www.imo.org/en/About/Conventions/StatusOfConventions/Documents/Status%20-%202019.pdf#%5B%7B%22num%22%3A943%2C%22gen%22%3A0%7D%2C%7B%22name%22%3A%22XYZ%22%7D%

[238] http://www.imo.org/en/KnowledgeCentre/IndexofIMOResolutions/Maritime-Safety-Committee-(MSC)/Documents/MSC.155(78).pdf

[239] https://www.consiglionazionaleforense.it/documents/176702/178953/10.-Place-of-safety.pdf/f9ff6107-1bc1-469f-9fed-c20ccea727ef

[240]

https://it.wikipedia.org/wiki/Organizzazione_internazionale_dell%27aviazione_civile

[241]

http://www.imo.org/en/About/Conventions/StatusOfConventions/Documents/Status%20-%202019.pdf#%5B%7B%22num%22%3A943%2C%22gen%22%3A0%7D%2C%7B%22name%22%3A%22XYZ%22%7D%2C69%2C318%2C0%5D

[242]https://www.comune.modena.it/europe-direct/pdf_materiali_locandine/fabio-caffio-1/sar-marittimo-leanza-caffio.pdf

esperti della materia e a lungo consulente del Ministero degli esteri, raccolto da un suo intervento del 2015.

Questo è il quadro normativo, da cui discendono parecchie conseguenze e si comprendono molte situazioni passate e presenti.

L'Italia, con Mare nostrum[243], fino a Sophia[244], ha assunto il ruolo di coordinatore, quindi per la Convenzione di Amburgo, al nostro Paese tocca l'obbligo di indicare il porto sicuro.

L'accordo Minniti-Libia ha fatto sì che i libici abbiano rivendicato il loro ruolo di coordinatori nella loro immensa SAR.

Malta porta viveri e soccorso alle imbarcazioni in difficoltà ma, forte della non sottoscrizione delle MSC.155(78)[245], non fa sbarcare i profughi sul proprio territorio. Malta[246] ha, dalla sua, l'estensione veramente ridotta del suo territorio. (superficie 316 Kmq e densità 1.318 ab./Kmq contro i 302.000Kmq. e 199 ab/Kmq. dell'Italia.) Insomma l'effetto dello sbarco di 1000 migranti/naufraghi in Italia è comparabile con quello di 1 a Malta.

E' cominciato il "ritiro" entro le nostre acque territoriali delle imbarcazioni della Guardia di Finanza, militari e delle Capitanerie di porto, una volta in operazioni SAR in alto mare, per "non essere coinvolte" in salvataggi. Si è tornati alla situazione antecedente a "Mare nostrum", quando i mezzi di soccorso partivano dai nostri porti solo dopo essersi assicurati che la competenza non fosse di qualcun altro e che il naufragio era prossimo.

Come si vede, da tutto questo quadro restano fuori le ONG che, con le loro navi, battono il Mediterraneo alla ricerca di possibili naufragi. Molto si è detto sul loro ruolo, da angeli salvatori a complici di trafficanti.

Personalmente, e lo dice anche la magistratura, non credo affatto ad un accordo trafficanti-ONG, ma checché ne dica Roberto

---

[243] https://it.wikipedia.org/wiki/Operazione_Mare_nostrum

[244] https://it.wikipedia.org/wiki/Operazione_Sophia

[245] http://www.imo.org/en/KnowledgeCentre/IndexofIMOResolutions/Maritime-Safety-Committee-(MSC)/Documents/MSC.155(78).pdf

[246] https://it.wikipedia.org/wiki/Malta

Saviano[247], la presenza delle navi ONG, senza regole, entro i confini delle acque territoriali libiche un effetto lo ottiene. Se gli scafisti sanno che, poche miglia al largo c'è una nave che accoglie i migranti senza far domande, magari permettendo loro di riprendersi i motori ed i telefoni satellitari e di usare invece delle barche in legno gli economici gommoni made in Cina acquistati su Ali Baba.; se sanno che la traversata deve durare 5 miglia invece delle 180 che separano la Libia da Lampedusa, si attrezzano diversamente e molto più economicamente.

Per ricondurre le ONG sotto l'egida del coordinamento fra Stati, dettata dalla Convenzione di Amburgo, l'allora ministro dell'interno Marco Minniti, varò un Regolamento[248] che, pena l'esclusione dalle operazioni di soccorso le ONG dovevano sottoscrivere. Tredici i punti:

- Non entrare nelle acque libiche, "salvo in situazioni di grave ed imminente pericolo" e non ostacolare l'attività della Guardia costiera libica.
- Non spegnere o ritardare la trasmissione dei segnali di identificazione.
- Non fare comunicazioni per agevolare la partenza delle barche che trasportano migranti.
- Attestare l'idoneità tecnica per le attività di soccorso. In particolare, viene chiesto alle ONG anche di avere a bordo "capacità di conservazione di eventuali cadaveri".
- Informare il proprio Stato di bandiera quando un soccorso avviene al di fuori di una zona di ricerca ufficialmente istituita.
- Tenere aggiornato il competente Centro di coordinamento marittimo sull'andamento dei soccorsi.
- Non trasferire le persone soccorse su altre navi, "eccetto in caso di richiesta del competente Centro di coordinamento per il soccorso marittimo (Mrcc) e sotto il suo coordinamento anche sulla base delle informazioni fornite dal comandante della nave".

247

https://www.repubblica.it/robinson/2019/05/05/news/roberto_saviano_in_mare_non_e sistono_taxi-225480542/

248

https://www.repubblica.it/politica/2017/07/31/news/migranti_i_13_impegni_del_vimi nale_per_le_ong-172074642/

- Informare costantemente lo Stato di bandiera dell'attività intrapresa dalla nave.
- Cooperare con il competente Centro di coordinamento marittimo eseguendo le sue istruzioni.
- Ricevere a bordo, su richiesta delle autorità nazionali competenti, "eventualmente e per il tempo strettamente necessario", funzionari di polizia giudiziaria che possano raccogliere prove finalizzate alle indagini sul traffico.
- Dichiarare le fonti di finanziamento alle autorità dello Stato in cui l'ONG è registrata.
- Cooperazione leale con l'autorità di pubblica sicurezza del previsto luogo di sbarco dei migranti.
- Recuperare, "una volta soccorsi i migranti e nei limiti del possibile", le imbarcazioni improvvisate ed i motori fuoribordo usati dai trafficanti di uomini.

Solo alcune ONG accettarono gli impegni. Le altre continuarono la loro attività sentendosi vincolate – a loro dire – solo dall'obbligo di salvataggio in mare, restando lo sbarco un "problema di altri".

D'altronde hanno poca scelta. Se il punto di raccolta è vicino alle coste libiche, in assenza di uno Stato coordinatore, i Paesi papabili sono Tunisia, Malta e Italia.

La Tunisia, paese sicuro per i vacanzieri e per i tunisini non lo è per i migranti/naufraghi. Quello Stato non ha una completa normativa sull'asilo e spesso le persone sbarcate vengono restituite alla Libia. Di Malta abbiamo detto. Rimane l'Italia.

Purtroppo qui tutti gli attori hanno qualche ragione e, purtroppo, i conseguenti bracci di ferro vengono giocati sulla pelle dei naufragi/migranti, persone che spesso non hanno mai sentito parlare di SAR, porto sicuro, Convenzione di Amburgo, SOLAS etc.

Insomma, per farla breve, Una nave ONG non coordinata da nessun titolare di zona SAR, salva, perché ha l'obbligo giuridico di farlo, persone in procinto di naufragare in zona SAR libica, può rifiutarsi di cedere queste persone ai libici perché la Libia non è un "place of safety"? Secondo me sì, per salvaguardare la concatenazione di eventi ("ricerca" – "salvataggio" – "sbarco in luogo sicuro").

Ma, una volta prese le persone a bordo, dove deve dirigersi, in assenza di un Ente coordinatore? Nel porto sicuro più vicino, sembrerebbe dalla lettura delle Convenzioni. Ma le Convenzioni delegano l'ente coordinatore ad indicare il porto sicuro che, in questo caso non c'è. D'altronde, scartando la Libia perché è ormai un "non Stato" ben poco sicuro, scartando la Tunisia perché essa è porto sicuro per i turisti e per i tunisini ma non per gli altri profughi che, se partiti dalla Libia, spesso alla Libia verranno restituiti dalla Autorità tunisine, scartando Malta che non ha sottoscritto gli accordi del 2004 sullo sbarco dei migranti, non resta che l'Italia.... E se l'Italia vieta l'accesso sanzionando Capitano ed armatore per favoreggiamento dell'immigrazione clandestina?

Mi sovviene che le convenzioni internazionali ratificate hanno un rango sovraordinato a quello delle leggi. E mi sovviene che l'articolo **51** del codice penale dispone che: "L'esercizio di un diritto o l'adempimento di un dovere imposto da una norma giuridica o da un ordine legittimo della pubblica autorità, esclude la punibilità" e che l'art. **54**, sempre del Codice penale, dispone che "Non è punibile chi ha commesso il fatto per esservi stato costretto dalla necessità di salvare sé od altri dal pericolo attuale di un danno grave alla persona, pericolo da lui non volontariamente causato, né altrimenti evitabile, sempre che il fatto sia proporzionato al pericolo".

Per quanto riguarda il reato di favoreggiamento dell'immigrazione clandestina, rilevo che, prima di comminare le pene, il reato abbisogna di una sentenza definitiva di un magistrato.

Insomma, io una soluzione conforme a tutte le normative non ce l'ho; ho solo alcune granitiche convinzioni:

- i migranti/naufraghi (anche se loro stessi si son messi in tale condizione) devono essere salvati.
- I migranti/naufraghi devono esser fatti sbarcare.

— I migranti/naufraghi non possono essere tutti trasportati in Italia, Paese, oltretutto, non in cima alle loro aspettative.

Se qualche lettore scopre che ho saltato qualche norma dirimente e/o molto più chiara sono disposto a far sciogliere le mie convinzioni come una granita al sole. Ma me lo dica.

L'Europa? Ma non esiste una sola Europa. La Commissione ci ha provato con le Decisioni del 2015, il Parlamento europeo ci ha provato con l'approvazione di una ottima revisione del Regolamento di Dublino. Chi bara, e bara pesantemente, è il Consiglio, ossia l'insieme dei Capi di Stato e di Governo degli Stati membri che, puntualmente, chiusa con 6 miliardi di Euro la rotta balcanica, ritiene che il problema riguardi solo l'Italia e che, quindi, non sia un problema.

Finirà? E come?

No, non finirà. Non finirà perché si dice che l'immigrazione sia un gioco in cui non puoi vincere, non puoi pareggiare, né puoi uscire dal gioco.

Non finirà perché si dice immigrazione, ma si pensa agli affari con i Paesi africani, al business degli aiuti, alla geopolitica, a spartirsi i ricchi giacimenti petroliferi libici. Si dice Haftar o Al Sarraj, ma si pensa a Francia, Russia, Italia e loro interessi in zona.

Siamo ora ai giorni nostri con il Ministro dell'interno che ha dichiarato guerra aperta alle ONG. Vieta lo sbarco di 47 naufraghi/migranti portati da una ONG, ma lascia correre qualche centinaio di sbarchi autonomi di persone arrivate da Libia e Tunisia in Sardegna, Calabria, Sicilia, Lampedusa, senza alcun ausilio di ONG. Un Ministro dell'interno che, per dare lo schiaffo alla ONG, si accorda con Malta per uno scambio[249]: Malta si prende i 47 della ONG l'Italia si prende 50 migranti già a Malta. Un ministro dell'interno che, però, è molto attento a non incorrere nelle famose "diffide" ex art 39 della Regolamento della CEDU[250] del Consiglio d'Europa[251]: infatti, prima di impegnarsi nel "braccio di ferro" ha sempre fatto sbarcare gli "elementi vulnerabili" come malati, minori, donne incinte, etc, per cui anche il ricorso di urgenza ex art.39 intentato dalla Sea watch[252] nel giugno 2019 è rimasto senza esito.

Intanto gli sbarchi continuano. Si è tanto parlato dei 47 della Sea Watch e della lotta del Governo contro le ONG che, nel 2019 hanno portato in Italia poche centinaia di persone, ma nel 2018 oltre 23.000 persone sono sbarcate e, nel 2019, nonostante i porti chiusi e la guerra alle ONG, ne sono arrivati, cd. sbarchi fantasma, oltre 2.400 (dati Ministero   dell'interno:

---

[249]https://www.iltempo.it/cronache/2019/07/05/news/mediterranea-ong-saving-humans-migranti-italia-malta-lampedusa-1185235/

[250] https://it.wikipedia.org/wiki/Corte_europea_dei_diritti_dell%27uomo

[251] https://it.wikipedia.org/wiki/Consiglio_d%27Europa

[252] https://www.today.it/cronaca/sea-watch-ricorso-migranti.html

http://www.interno.gov.it/sites/default/files/allegati/tabella_riepiloga
tiva_migranti_8lug19.pdf

Bersaglio errato?

Quale sarà la prossima puntata?

L'Unione europea uscita dalle elezioni del maggio 2019 saprà trovare un equilibrio fra Commissione, Consiglio e Parlamento senza che i particolarismi del Consiglio prevalgano sugli altri due organi? Gli inizi non sono stati entusiasmanti, con la subitanea messa in soffitta del principio degli Spitzenkandidaten[253] da parte di Macron e Merkel, appena "passata la festa". Ai candidati espressi dai vincitori dei gruppi parlamentari appena eletti, si è preferita la solita nomina politica con relativo "manuale Cencelli".

Sta di fatto che, come sicuramente in Italia, le porte dell'immigrazione regolare, di cui abbiamo tanto bisogno (PIL, Scuola, pensioni, demografia) sono praticamente chiuse anche in altri Stati membri, almeno nelle quantità necessarie a frenare la pressione migratoria indiscriminata.

Le Direttive e Regolamenti europei stringono sempre di più la possibilità del riconoscimento della protezione internazionale e in nessun articolo degli strumenti normativi, attuali o in fieri, si prevede la concessione di una qualsiasi forma di protezione a chi scappa dalla fame e non dalle persecuzioni o dal pericolo di queste.

Anche Ursula Von der Leyen[254], candidata alla Presidenza della Commissione, il 10 luglio 2019, davanti ai leader dei gruppi dell'Europarlamento, ha dichiarato che "soccorrere le persone in alto mare è un obbligo" e, per questo è necessario ridar vita all'Operazione Sophia, ma nulla ha detto su "dove" le persone soccorse debbano essere sbarcate e se, come è già avvenuto, l'Italia sarà il centro coordinatore della nuova operazione Sophia, sappiamo già dove i "migranti/naufraghi" sbarcheranno.

---

[253] http://www.ansa.it/europa/notizie/europarlamento/approfondimenti/2019/02/21/gli-spitzenkandidaten-_d81ee598-91f6-46b5-b35f-190688c50baa.html
[254] https://it.wikipedia.org/wiki/Ursula_von_der_Leyen

Una cosa è sicura: al di là del Mediterraneo sono oltre un miliardo in rapidissima esplosione demografica. Sulla sponda nord ce ne sono la metà in progressiva decrescita numerica. **Domanda:** di che colore saranno i miei nipotini?

Chissà, forse a risolvere i problemi africani ci penserà l'Africa stessa. E' di pochi giorni fa, infatti, la notizia della creazione dell'AFCTA, l'**Area di libero scambio continentale africana**[255] (*African Continental Free Trade Area*) che si ripromette di liberalizzare i commerci fra i vari Paesi africani al fine di incrementarne le economie. Solo l'Eritrea deve ancora firmare l'accordo, sottoscritto invece dalla Nigeria, la prima economia continentale. Vedremo che frutti darà.

Oppure, ma ci credo poco, la proposta[256] che il ministro degli Affari esteri Moavero Milanesi porterà il 15 luglio al Consiglio Affari Generali.

Un mix di vecchie proposte che comprende oltre ad aiuti economici per i Paesi produttori di migranti, la possibilità per le Rappresentanze diplomatiche dell'Unione, dislocate nei Paesi limitrofi a quelli da cui si fugge, di esaminare preventivamente le domande di protezione. Le persone eligibili verranno portate in aereo negli Stati UE senza rischiare la vita.

Proposte vecchie e già respinte dai cd. Paesi di transito che, accettando tale proposta, diverrebbero essi stessi meta dei flussi migratori. Il Niger, se non sbaglio, già disse di no. Dipenderà da quanti Euro la Commissione metterà nel piatto.

Ci sarà poi da superare lo scoglio normativo del già citato articolo 3 della Direttiva "Procedure" che restringe l'ambito di applicazione alle domande presentate sul suolo nazionale degli Stati membri. Finché la "Rappresentanza diplomatica" giudicherà il richiedente eligibile, non ci saranno problemi ma, invece, problemi ci saranno per i denegati: una

---

[255] https://www.affarinternazionali.it/2019/07/africa-afcta-area-libero-scambio/
[256] https://www.corriere.it/politica/19_luglio_14/migranti-ecco-piano-italiano-zone-franche-gli-sbarchi-distribuzione-rifugiati-2b423944-a5a7-11e9-9045-dc8a82e7e44b.shtml

negazione della protezione al di fuori delle procedure dettate dalla Direttiva 2013/32/UE. Un bel guaio.

Abbiamo già visto, poi, che le nazionalità più presenti negli sbarchi sono quelle di Paesi dove, in genere non c'è violenza, ma fame e, visto che la fame non è contemplata fra i casi di protezione internazionale, i denegati (secondo le statistiche ormai quasi l'80% dei richiedenti) si affolleranno negli Stati di transito o continueranno ad affidarsi agi scafisti.

Un veloce riassunto.

Per chi vuole un velocissimo riassunto di quanto ho cercato di esporre in questo libro, posso segnalare un mio articolo pubblicato sui Quaderni del CeSPI[257], nel quadro di un dibattito sull'Europa[258], al link: http://www.cespi.it/it/eventi-attualita/dibattiti/riflessione-sul-futuro-dellunione-europea-0/migrazione-asilo-cronistoria[259]

[15 ottobre 2018] "Eh, sì, l'Unione europea ci aveva entusiasmato all'inizio, quando, con il Trattato di Amsterdam[260], aprì le porte all'immigrazione e all'asilo come materie comunitarizzate.

L'Unione decise di fare le cose in grande. Non solo un grande spazio comune riservato agli Stati membri, ma un grande spazio comune di libertà, sicurezza e giustizia di cui tutti – anche i cittadini di Paesi non membri - potessero godere.

L'impegno solenne fu sancito nel Consiglio europeo del 15 e 16 ottobre 1999 a Tampere[261], in Finlandia, in cui i Capi di Stato e di Governo decisero che *"L'Unione europea ha già posto in atto per i suoi cittadini i principali elementi di uno spazio comune di prosperità e pace: un mercato unico, un'unione economica e monetaria e la capacità di raccogliere le sfide politiche ed economiche mondiali. **La sfida** insita nel trattato di Amsterdam **è ora quella di garantire che tale libertà, che comprende il diritto alla libera circolazione in tutta l'Unione, possa essere goduta in condizioni di sicurezza e di giustizia accessibili a tutti.** Si tratta di un progetto che risponde alle preoccupazioni frequentemente*

---

[257] http://www.cespi.it/it

[258] http://www.cespi.it/it/eventi-attualita/dibattiti/riflessione-sul-futuro-dellunione-europea

[259] http://www.cespi.it/it/eventi-attualita/dibattiti/riflessione-sul-futuro-dellunione-europea-0/migrazione-asilo-cronistoria

[260] https://it.wikipedia.org/wiki/Trattato_di_Amsterdam

[261] http://www.europarl.europa.eu/summits/tam_it.htm

espresse dai cittadini e che ha ripercussioni dirette sulla loro vita quotidiana. **Tale libertà non dovrebbe, tuttavia, essere considerata appannaggio esclusivo dei cittadini dell'Unione. La sua stessa esistenza serve da richiamo per molti altri che nel mondo non possono godere della libertà che i cittadini dell'Unione danno per scontata. Sarebbe contrario alle tradizioni europee negare tale libertà a coloro che sono stati legittimamente indotti dalle circostanze a cercare accesso nel nostro territorio.** Ciò richiede a sua volta che l'Unione elabori **politiche comuni in materia di asilo e immigrazione**, considerando nel contempo l'esigenza di un controllo coerente alle frontiere esterne per arrestare l'immigrazione clandestina e combattere coloro che la organizzano commettendo i reati internazionali ad essa collegati. **Queste politiche comuni devono basarsi su principi che siano chiari per i nostri cittadini e offrano allo stesso tempo garanzie per coloro che cercano protezione o accesso nell'Unione europea.**"

Dichiarazione molto, molto forte che riempì di speranza per un futuro comune, tanto che si parlò del "*vento di Tampere*" come della spinta propulsiva verso la piena realizzazione di una Europa unica e comune. Una dichiarazione che oggi appare molto, molto lontana.

Ma subito ci si mise al lavoro per creare le politiche comuni in materia di asilo e immigrazione al fine di dare regole certe e univoche non solo agli Stati membri ma anche ai cittadini non appartenenti all'Unione che nell'Unione volevano vivere o che all'Unione chiedono aiuto e salvezza da guerre e persecuzioni.

E i frutti si videro presto: arrivarono le prime Direttive.

Dopo un primo esercizio sulle norme minime della protezione temporanea in caso di afflusso massiccio di sfollati, Direttiva 2001/55/CE[262], mai applicata, cominciarono a fioccare, numerose, le disposizioni più cogenti.

Nel 2003 l'Unione partorì la Direttiva che stabiliva le norme minime per accogliere chi chiedeva asilo (2003/9/CE)[263]. Poi si pensò di

---

[262] https://eur-lex.europa.eu/legal-content/IT/TXT/HTML/?uri=CELEX:32001L0055&qid=1538170280483&from=IT
[263] https://eur-lex.europa.eu/legal-content/IT/TXT/HTML/?uri=CELEX:32003L0009&qid=1538170362023&from=IT

includere nell'ordinamento europeo una Convenzione del 1990[264] che regolava la competenza degli Stati membri a conoscere delle domande di asilo: e la Convenzione divenne Regolamento (343/2003/CE)[265].

Per l'immigrazione, dopo il fallimento di un progetto di Direttiva su norme comuni per l'ingresso per lavoro [COM(2001)386][266] mai approvata, si normò il ricongiungimento familiare (2003/86/CE)[267] e si decise che chi risiede stabilmente per un lungo periodo – senza dare problemi – sul suolo di un Paese membro può non solo avere un diritto permanente ma, addirittura, stabilirsi in un altro Stato dell'Unione (2003/109/CE[268]).

Il vento di Tampere continuava a spirare forte e l'Unione cominciò ad ampliare le aspettative ed i diritti di chi fugge da persecuzioni e guerre. La Convenzione di Ginevra[269] sul riconoscimento dello status di rifugiato – nata nel 1951 forse per ragioni più politiche che umanitarie – appariva "stretta" e l'Unione, nel 1994, normò non solo le condizioni necessarie per chi poteva considerarsi rifugiato, ma introdusse una nuovissima categoria, la protezione sussidiaria, riservata a chi – pur non avendo subito persecuzioni – non può più vivere nel proprio paese a causa di uno stato di guerra generalizzato o di un pericolo di perdere la vita (2004/83/CE)[270].

Nel 2005 si concluse la prima fase con il tentativo di ridurre a fattor comune le procedure applicate dagli Stati membri per il riconoscimento della protezione internazionale (2005/85/CE[271]) e con i paletti posti alle espulsioni con la cd. "Direttiva rimpatri" che riafferma i

---

[264] https://it.wikipedia.org/wiki/Convenzione_di_Dublino

[265] https://it.wikipedia.org/wiki/Convenzione_di_Dublino

[266] https://eur-lex.europa.eu/legal-content/IT/TXT/HTML/?uri=CELEX:52001PC0386&qid=1538162320842&from=IT

[267] https://eur-lex.europa.eu/legal-content/IT/TXT/HTML/?uri=CELEX:32003L0086&qid=1538170602232&from=IT

[268] https://eur-lex.europa.eu/legal-content/IT/TXT/HTML/?uri=CELEX:32003L0109&qid=1538170669735&from=IT

[269] https://www.unhcr.it/wp-content/uploads/2017/01/Convenzione-di-Ginevra-del-1951_.pdf

[270] https://eur-lex.europa.eu/legal-content/IT/TXT/HTML/?uri=CELEX:32004L0083&qid=1538170787562&from=IT

[271] https://eur-lex.europa.eu/legal-content/IT/TXT/HTML/?uri=CELEX:32005L0085&qid=1538170847729&from=IT

diritti umani e la dignità delle persone anche nel corso del procedimento di allontanamento all'UE (2008/115/CE[272]).

Il vento di Tampere continuava a soffiare e l'Unione decise che le Direttive sull'accoglienza dei richiedenti asilo, sulle qualifiche di protezione e sulle procedure di riconoscimento erano ancora troppo vaghe, poco inclini alle vere esigenze di chi fugge ed era necessario un ulteriore specificazione e ravvicinamento delle normative nazionali. E vennero, così, le nuove Direttive sull'accoglienza (2013/33/UE[273]), sulle procedure (2013/32/UE)[274] e sulle qualifiche (2011/95/UE)[275].

E poi? E poi il vento di Tampere si fermò.

Forse erano cambiati i tempi, forse l'Unione era andata troppo avanti concedendo protezione a situazioni "normali" in un continente "esplosivo" come l'Africa. L'azione dell'Unione rallentò, facendosi molto più attenta alle pulsioni interne e agli interessi dei singoli Stati membri che all'attuazione di quanto dichiarato a Tampere.

E venne il 2015. La folle primavera e l'ancor più folle estate del 2015. Ci fu un naufragio[276], nella primavera del 2015, che scosse le coscienze europee. Nelle fredde sedi di Bruxelles maturò una timida agenda europea sulle migrazioni[277]. Una prima breccia sui ferrei principi di Dublino. Si parlò di ricollocazione dei richiedenti protezione; si parlò di alleggerire l'Italia dall'eccessivo peso di disperati che sulle sue coste erano sbarcati sol perché quelle coste erano il più vicino scoglio dell'Europa. Ma nulla fu approvato. Gli egoismi prevalsero. Non si riuscì a trovare il consenso necessario per ricollocare 40.000 migranti in due

---

[272] https://eur-lex.europa.eu/legal-content/IT/TXT/PDF/?uri=CELEX:32008L0115&from=LV
[273] https://eur-lex.europa.eu/legal-content/IT/TXT/HTML/?uri=CELEX:32013L0033&qid=1538170914843&from=IT
[274] https://eur-lex.europa.eu/legal-content/IT/TXT/HTML/?uri=CELEX:32013L0032&qid=1538170973901&from=IT
[275] https://eur-lex.europa.eu/legal-content/IT/TXT/HTML/?uri=CELEX:32011L0095&qid=1538171030257&from=IT
[276]https://it.wikipedia.org/wiki/Naufragio_nel_Canale_di_Sicilia_del_18_aprile_2015
[277] https://www.internazionale.it/notizie/2015/05/11/migranti-agenda-europea-punti-principali

anni nell'intera Unione europea. Tanti quanti arrivavano in Italia in appena due mesi.

E poi ci fu la grande confusione dell'estate del 2015. I migranti riscoprirono la cosiddetta rotta balcanica. Dalla Turchia alle isole greche e poi, a piedi e con ogni mezzo, in Macedonia, Serbia, Ungheria, Austria per arrivare nei posti sognati, Germania e Svezia. E fu vera confusione. Le porte ora si aprirono ora si chiusero, furono costruiti muri di sbarramento e forniti autobus per il trasporto. I migranti furono accolti e picchiati, aiutati e sgambettati.

Il Regolamento di Dublino fu invocato per non accogliere i migranti e ignorato per farli andar via. Dichiarazioni di fuoco contro chi fugge e scarico di responsabilità fra Stati membri di una Unione europea molto poco unita. Dichiarazioni sui rifugiati *a la carte* tipo *"prendiamo solo i siriani"*. E dichiarazioni su una totale apertura rettificate e contraddette nello spazio di un mattino.

Nel settembre di quell'anno, la Commissione nel vano tentativo di riprendere in mano la situazione, tramite il Consiglio, riaffermò l'obbligo della ricollocazione obbligatoria di 40.000 "profughi", inascoltate nel maggio precedente (Decisione 2015/1523 del 14 settembre 2015[278]) aggiungendone un'altra per il ricollocamento di 120.000 "profughi" (Decisione (UE) 2015/1601) da Italia e Grecia (e Ungheria che, furbamente, rifiutò).

Ma non fu un rigurgito di decisionismo. L'Europa cominciava a tremare di fronte alle reazioni "sovraniste" e riottose di molti Stati. Molti furono i "paletti" posti nelle due decisioni. Italia e Grecia dovettero accettare il controllo dell'EASO[279] sulle procedure di identificazione e

---

[278] https://eur-lex.europa.eu/search.html?DTN=1523&DTA=2015&qid=1444118475641&DB_TYPE_OF_ACT=decision&CASE_LAW_SUMMARY=false&DTS_DOM=ALL&typeOfActStatus=DECISION&type=advanced&SUBDOM_INIT=ALL_ALL&DTS_SUBDOM=ALL_ALL

[279] https://eur-lex.europa.eu/search.html?DTN=1601&DTA=2015&qid=1444123383779&DB_TYPE_OF_ACT=decision&CASE_LAW_SUMMARY=false&DTS_DOM=ALL&typeOfActStatus=DECISION&type=advanced&SUBDOM_INIT=ALL_ALL&DTS_SUBDOM=ALL_ALL

non tutti i "profughi" potevano esser ricollocati, ma solo quelli la cui nazionalità dava alte possibilità di accoglimento della protezione internazionale.

Le "Decisioni" del Consiglio, prese ai sensi dell'articolo 78, paragrafo 3, TFUE sono obbligatorie per gli Stati che ne sono oggetto. Nonostante ciò parecchi Paesi non hanno mai adempiuto, o adempiuto, in toto alle loro obbligazioni.

La marea umana cominciava a far paura e la Commissione non ebbe la forza di ribadire non solo quanto, nel 1999 il Consiglio europeo aveva affermato a Tampere, ma anche le stesse sue proposte.

La Commissione compì una inversione ad U. Venne così la proposta di Dublino IV (COM(2015) 450)[280] e il pacchetto della rifusione delle Direttive Accoglienza (COM(2016) 465)[281], Procedure,(COM(2016)467)[282] e Qualifiche COM(2016)466[283] che, pur ribadendo i "principi cardine" delle precedenti, stringevano, e di molto, le possibilità e i diritti dei richiedenti protezione, spostando l'esame più sulla nazionalità che sulla situazione individuale, introducendo nuovi motivi di esclusione e puntando molto su un rapido giudizio di (in)ammissibilità. Attualmente queste proposte sono ancora sui tavoli di negoziazione.

Come "chicca" finale, la Commissione, non avendo il coraggio di comprimere i diritti e le garanzie riservate agli espellendi con la "Direttiva rimpatri" del 2008, riformandola in senso restrittivo in linea con il "pacchetto" appena presentato, nel marzo 2017 presenta due nuovi documenti di rango inferiore: una Comunicazione [COM(2017)200

---

[280] https://eur-lex.europa.eu/search.html?DTN=0450&DTA=2015&qid=1444121365497&DB_TYPE_OF_ACT=comJoin&CASE_LAW_SUMMARY=false&DTS_DOM=ALL&typeOfActStatus=COM_JOIN&type=advanced&SUBDOM_INIT=ALL_ALL&DTS_SUBDOM=ALL_ALL

[281] https://eur-lex.europa.eu/legal-content/IT/TXT/HTML/?uri=CELEX:52016PC0465&qid=1486389563734&from=IT

[282] https://eur-lex.europa.eu/legal-content/IT/TXT/?qid=1486549741920&uri=CELEX:52016PC0467

[283] https://eur-lex.europa.eu/legal-content/IT/TXT/?qid=1486551281729&uri=CELEX:52016PC0466

final][284] e una Raccomandazione [C(2017) 1600 final][285]. A leggerle si vede ancor di più il cambiamento di rotta. La Commissione invita *"gli Stati membri a sfruttare immediatamente tutte le possibilità offerte dall'attuale legislazione in materia di asilo al fine di ovviare agli abusi del sistema da parte dei migranti irregolari che non necessitano di protezione internazionale. Essi dovrebbero in particolare applicare le disposizioni concernenti le procedure accelerate di asilo, il trattamento delle domande reiterate, l'effetto sospensivo non automatico dei ricorsi, in particolare per i migranti provenienti da paesi che sono ritenuti sicuri o vantano un basso tasso di riconoscimento"* citando specificamente il caso dei nigeriani che hanno un tasso di riconoscimento della protezione pari al solo 8%. Pertanto, sostiene la Commissione, visto che cittadini di quel Paese, nel 2016 hanno presentato più di 47.000 domande di asilo, si può supporre che, di queste, oltre 40.000 potranno esser respinte. Non più quindi un esame individuale, ma fortemente incentrato sul Paese di provenienza.

Fortunatamente, in controtendenza, il Parlamento europeo – forse ultimo custode di quel che resta del "refolo" di Tampere – approva un testo su Dublino IV che, finalmente, supera il principio della responsabilità del primo Stato di arrivo ponendo le basi per arrivare al "rifugiato europeo". Ovviamente Commissione e, soprattutto il Consiglio, lo affossano subito.

Ma Tampere è ormai lontana, altri nomi l'hanno sostituita: sovranismo, gruppo di Visegrad[286], euroscettici e l'Unione europea continua a cedere terreno agli Stati membri.

Prova ne è il Consiglio europeo del giugno 2018[287] che, senza tanti complimenti, nelle sue conclusioni afferma: *"nel territorio dell'UE coloro che vengono salvati, a norma del diritto internazionale, dovrebbero essere presi in carico sulla base di uno sforzo condiviso e trasferiti in centri sorvegliati istituiti negli Stati membri, **unicamente su base volontaria"**,* Mettendo una pietra tombale sull'obbligatorietà

---

[284] https://ec.europa.eu/transparency/regdoc/rep/1/2017/IT/COM-2017-200-F1-IT-MAIN-PART-1.PDF
[285] http://data.consilium.europa.eu/doc/document/ST-6949-2017-INIT/it/pdf
[286] http://www.europarl.europa.eu/doceo/document/A-8-2017-0345_IT.html?redirect
[287] http://data.consilium.europa.eu/doc/document/ST-9-2018-INIT/it/pdf

dell'accoglienza delle decisioni del 2015. E non è finita. Per evitare che la proposta del Parlamento europeo su Dublino IV possa trovare qualche adepto, il Consiglio afferma che *"È necessario trovare un* **consenso**[288] *sul regolamento Dublino per riformarlo sulla base di un equilibrio tra responsabilità e solidarietà"* e *"consenso"*[289] del tecnicismo del Consiglio significa "all'unanimità" e siccome tale unanimità sarà impossibile, il principio della responsabilità del primo Stato membro di ingresso rimarrà molto, molto a lungo.

Come è facile intendere, dal 1999 la continua contrattazione fra Commissione e Stati membri si è spostata, e di molto, a favore di questi ultimi e, oggi, è il Consiglio europeo a comandare, ancorché esso non possa prendere decisioni.

La Commissione, almeno nelle materie di asilo e migrazione è molto debole, non sembra avere una sua linea, si limita a rincorrere i nuovi sovranismi, imitandoli nel considerare i migranti come un fastidio, senza prendere iniziative, provvedendo solo a compensare con quattrini (e molti) quegli Stati che più sopportano il peso dei nuovi arrivati.

Forse perché era in scadenza, ad ottobre 2019 prossimo ci sarà una nuova Commissione. Ma è d'obbligo un avvertimento per la prossima Commissione: come in tutte le tenzoni politiche chi imita perde, perché sempre si preferisce l'originale alla copia.

Se è vero che i Commissari sono designati dagli Stati membri, è pur vero che l'articolo 17 TUE ne sancisce la piena indipendenza: essi sono politici e non burocrati[290]. Se la nuova Commissione non saprà trovare una propria e autonoma linea *"nell'interesse generale dell'Europa"* e a *"vigilare sull'applicazione dei Trattati"*, ho paura che, nella prossima legislatura, assisteremo alla assoluta sovranità del Consiglio, con la Commissione mera esecutrice dei suoi dettati e, forse, potremo dire addio, non solo al vento di Tampere, ma all'idea stessa di Unione europea come insieme di Stati membri che, nell'interesse

---

[288] https://st.ilsole24ore.com/art/mondo/2015-09-23/il-sistema-voto-consiglio-dell-unione-europea-171828.shtml?uuid=ACoE5D3&refresh_ce=1

[289] https://st.ilsole24ore.com/art/mondo/2015-09-23/il-sistema-voto-consiglio-dell-unione-europea-171828.shtml?uuid=ACoE5D3

[290] https://www.ilfoglio.it/esteri/2018/09/18/news/non-e-burocrazia-e-politica-214264/

comune, cedono molta parte della loro sovranità ad un organo che li rappresenti tutti.

Mi auguro che non sia così. Io credo nel sogno di Spinelli, Adenauer e De Gasperi, padri fondatori[291], di un disegno che allarghi il concetto di patria al mondo, contrapposto al concetto ristretto di Heimat[292], restrittivo e miope disegno di perpetuare il passato come ineluttabile futuro."

---

[291] https://europa.eu/european-union/about-eu/history/eu-pioneers_it
[292] https://it.wikipedia.org/wiki/Heimat

Qualche altra notizia su di me.

Come "**cittadino attivo**", ho scritto anche due brevi libretti contro le angherie della burocrazia:

"Odissea CUD" reperibile all'indirizzo
http://www.amazon.it/dp/B00CC1KYX8/

e

"Come ho fatto a farmi restituire i soldi da Equitalia" reperibile all'indirizzo: https://www.amazon.it/dp/B01AB13WLQ/ .

E uno sulla recente campagna elettorale per le politiche nel 2018 che potete trovare qui:

https://www.amazon.it/dp/B07B77TGY3/

Su Amazon potete trovare anche **i miei racconti di viaggio** con utili link a luoghi, alberghi, monumenti, ristoranti, che potranno agevolare una idea di viaggio nei Paesi visitati:

- Mustang (Nepal):
  http://www.amazon.it/dp/B00AWD5MYO
- Ladakh, Zanskar e Kashmir:
  www.amazon.it/dp/B00AXKSTJG
- Rajasthan: www.amazon.it/dp/B00GEFICMS
- Cambogia: http://www.amazon.it/dp/B00LG5YNK6
- Namibia: http://www.amazon.it/dp/B00R1WJLSW
- Vietnam: http://www.amazon.it/dp/B00TRDPDPI/
- Cammino di Santiago:
  https://www.amazon.it/dp/B07JD1V18J/

Gli Ebook sono arricchiti da numerosi link ai luoghi visitati o alle cose narrate, facendo diventare l'Ebook un ipertesto.

Quasi tutti i libretti sono disponibili su Amazon, con lo stesso titolo, anche in forma cartacea da ordinare. Ovviamente nella edizione cartacea tutti i link ai luoghi ed alle cose vanno persi.

I libri sono corredati di foto dei luoghi, ma altre mie foto scattate durante il viaggio potete trovarle qui: http://www.sergioferraiolo.it/fotografie/fotografie_start.htm

Oppure qui:

https://www.behance.net/sergioferraiolo

o nel mio blog:

http://sergioferraiolo.com

Oppure TUTTI, cliccando qui

I video dei miei viaggi potete trovarli qui:

http://www.youtube.com/sirjoe7007

Il mio indirizzo Email: ferraiolo.sergio@gmail.com